CD付

フランス語ホームステイ ライブ
中級からのコミュニケーション

En direct d'une famille d'accueil

一丸禎子
Tadako Ichimaru

パトリック・レボラール
Patrick Rebollar

三修社

この本を手に取られた方に

　この本は「これからフランスへ行って、ただの観光旅行でなく、できればホームステイをしてみたい」と思っている方のために書きました。つまり、通りすがりの観光客としてではなく、短期滞在であっても、もう少し人とのつながりを深めたいと思う方のために。

　たとえば、パリでチョコレートを買ったり、ヴェルサイユ宮殿に行くだけなら、初級で習った語学の知識だけで十分でしょう。けれども、さらにもう一歩、そこで生活している人に近づくには、語学の知識だけでは十分といえません。言葉はその言葉を話している人たちの社会や文化のコード、そして歴史と密接にかかわりあっているからです。

　そんなこと、わかっていますよ？　そうかもしれません。でも、もう一度、思い出してほしいのです。自分はフランスについて、フランスで暮らしている人たちについて、どんなことを知っているのだろうか…？

　毎年、多くの学生さんがフランス語を選択します。最初の授業でフランスの地図を書いてもらうと、じつにワンダフルな世界地図が描かれます。フランスは孤島のように隣接する国がないか、あるいは、どこもかしこも国境が別の国でふさがっていて、海がまったくありません。続いて、フランスについて知っていることを書いてもらうと、だいたいの人が有名ブランドや食文化、歴史建造物をひとつ、ふたつ挙げるにとどまります。それはイメージとして流通している「フランス」にすぎない。フランスの切れっぱしにすぎません。あなたはフランスのどのへんにパリがあるか、だいたいの見当がつきますか？

残念ながら、初級フランス語を終えるころになっても、それはあまり変わらない。いつまでたってもリアリティに欠けるのです。それでは中級で、いろいろなテクストを読み始めても面白いはずがありません。フランスの社会についてもっと身近に、そしてフランス語を生きている言葉として感じることができれば、もっとおもしろく、ずっと楽しくなるにちがいありません。そう、だから、フランス語ホームステイ！

　「ホームステイをしてみたい」というあなたの選択は、まったくもって正しい！！　だから、この本をきっかけにして、生きているフランス語の世界へ飛び出していただきたいのです。

　でも、まだちょっと心配という人は、この本を読んでます「疑似体験」してみてください。この本を繰り返し読んでいただければ、ただ漫然となんとなくフランスに行った人よりもずっと多くのことが学べるようになっています。

　そして、すでにホームステイを体験したことがある方には、フランスにいる間に「はてな？」と思ったことの解答がこの本の中に見つかるでしょう。

　行く前にお読みになるか、行ってから読むか、いずれにせよ、この本をお読みになったあなたにとって、フランスとそこに暮らす人々が、以前よりずっと身近に、そしてリアルに感じられることと思います。

著者

この本の使い方

それぞれのシーンは主人公の遙香とルヴァスール家の人々の会話で構成されます。

主人公、遙香はみなさんと同じようにフランスへ初めてホームステイにやってきました。ホストファミリーのルヴァスール家はお父さんのフレデリック、お母さんのオルガ、遙香と同じ大学生のジョアナの3人家族です。彼らはパリの中心部に住んでいます。

しかし、ここに出てくるルヴァスール家は架空の家庭です。このようにパリに住んでいて、外国人留学生に一部屋与えられるというのは、かなり裕福な環境にあります。ホストファミリーとしてはよくある家庭環境ですが、フランスにはいろいろな家族の形態があります。私たちがここに描くルヴァスール家は、その意味で限定されたモデルであるということを心にとめておいてください。

さて、それぞれのシーンは、初めに会話をとりまく状況の説明（Situation）、会話のテキスト、そこに使われている表現の解説（Expression）、そしてフランスへ行く前に準備すること（出発前のおさらい）によって構成されています。どのような順序で読んでもかまいません。好きなところから読みはじめてください。

この本では、文法事項の説明のために、それにあわせてシーンを作るということをしていません。実際の会話というのは、教科書のようにはいかないし、文法事項もいろいろな規則がいっぺんに使われます。したがって、そのつど、会話の内容を理解するために必要なことを取り上げています。

けれども、初級から中級へ進むにあたり、とても重要なことがあります。それは、初級でばらばらに学習してきた文法知識をリンクしていくことです。項目を体系化していく。たとえば動詞は、現在、複合過去、半過去、大過去と習ってくるのですが、それぞれの時制はどう関連しているのか理解しなければなりません。そうでない

と、自分の言いたいことを表現するのに、どの時制を使っていいかわからない、あるいは、相手の言っていることを理解するのに、その時制に託された価値を見落としてしまう。また、直説法、条件法、接続法…というモードは切り替えることによって、どういう機能が働くのか、中級ではその違いを比較によって明確に把握できるようにする必要があります。

　そこでこの本を読む人には、ここに書いてある日本語の解説を読むと同時に、初級の参考書などをもう一度開いてほしいのです。きっと、前にはわからなかったことが「なるほど！」と納得できるはずです。そうしてあなたの積み重ねてきた知識をいっそう確実なものとしてください。あえて索引をつけていませんから、かならず自分で工夫して、単語・熟語のノートを作りましょう。

　また、フランス語のテクストは、シャドウイング（音を聴きながら繰り返すこと）によって、日本語に訳すことなく、フランス語のリズムで意味をつかむように練習してください。（巻末の日本語訳はあくまで補助的なもので、できるだけフランス語のままで理解できるように、繰り返しCDを聴いてください。）

　最後に、あなたがホームステイに行っている間、心配して家で待っているご家族のために、「フランスの家庭って、こんな生活の仕方なんだ」と、この本を一緒に読みながら、説明してあげてください。お母さんやお父さんを安心させてあげられるだけでなく、次は私たちもフランスに行ってみたいとおっしゃるかもしれませんよ。結婚している方だったら、あなたのパートナーもフランスで暮らしてみたいと思うかもしれません。観光バスツアーでは味わえない、新しい旅を発見するきっかけになるでしょう。そうしてあなたと一緒に、できるだけたくさんの人たちに、新しい世界への窓を開けてあげてほしいのです。さあ、それでは私たちと一緒にその一歩を踏み出そうではありませんか！

Contenu

この本を手に取られた方に
この本の使い方

Scène 0　　出発準備編 ……………………………………… 1

Scène 1　　シャルル・ド・ゴール空港 …………………… 9
　　　　　　初めて出会う・自己紹介する
　　　　　　発音・数字・代名詞

Scène 2　　パリへ向かう車中 ……………………………… 19
　　　　　　驚き
　　　　　　代名詞・数字・比較・接続法

Scène 3　　家について　1 ………………………………… 39
　　　　　　お宅拝見
　　　　　　序数・関係代名詞・複合過去形・命令法・直説法現在

Scène 4　　家について　2 ………………………………… 59
　　　　　　寝室と家の中の設備
　　　　　　語彙・所有代名詞・中性代名詞・代名動詞・省略

Scène 5　　夜ご飯　1 ……………………………………… 81
　　　　　　テーブルの支度
　　　　　　前置詞・冠詞・不定冠詞・部分冠詞・定冠詞
　　　　　　特別講義　食事のお作法 1

Scène 6	夜ご飯 2	101
	みんなで食事する	
	鼻母音	
	特別講義　食事のお作法2	

Scène 7	夜にお風呂を使う	115
	アンシェヌマン・リエゾン・エリジオン・音読する	

Scène 8	パス・ナヴィゴ	133
	地下鉄の駅へ向かいながら	
	不規則変化動詞・非人称代名詞の il・非人称動詞	

Scène 9	夕ご飯の買い物	151
	ジェロンディフ・近未来・近接過去	

Scène 10	Système D 1	167
	ストライキの日	
	不規則変化・過去分詞	

Scène 11	Système D 2	187
	体調不良の日	
	比較級	

Scène 12	さようなら、また会う日まで	201
	単純未来・半過去・条件法・動詞の体系	

潜入レポート：オルレアン大学語学研修　　219

Scène の和訳　　233

❶ 出発準備編

　ホームステイを思い立ったら、その夢をどう実現させたらいいのでしょう？　ここでは代表的な三つの方法をそれぞれの Avantages（メリット）、Inconvénients（デメリット）と一緒にご紹介します。

❶ 大学や高校など学校が用意する語学留学制度を利用する

あなたが大学生や高校生の場合、おそらく最も信頼できる方法が、自分の在籍する学校が準備している語学研修旅行に行くことです。

Avantages

- 提携先の大学や語学学校の授業と宿泊先がセットになっていて、申し込み手続きや支払いはすべて学校を通じて済ませることができるので、安心です。
- 事前に説明会が開かれたり、前年度に参加した人の話を聞いたりすることができるので、行く前にいろいろ具体的な情報が集められます。
- 最近では、語学研修に力を入れている大学も多く、旅行への参加が卒業単位として認められる学校も増えてきました。

Inconvénients

▶ しかしながら、すべての大学が同じようなサービスを提供してくれるとは限りません。

▶実際に比較してみると、現地での授業数は半分しかないのに、参加費用は通常の倍近くかかる、しかもせっかくフランスへ行ったのに日本人ばかりのクラスで、宿舎も日本から行ったみんなと一緒にアパルトマン・ホテルへ押し込められる、というようなこともじつはあるのです。

不幸にして、あなたの大学がそのような語学研修しか企画していなかったとしても、安心してください。ほかにも方法があります。

❷ 語学学校を通じて申し込む

大学生や高校生のように学校に所属していない場合に、最も安心できる申し込み方法です。

Avantages

○ 手続きを全部日本語で行えることが大きなメリットです。語学学校が窓口になってくれますから、そこで行く前に十分説明してもらえますし、たくさん質問して不安を解消できます。
○ 受け入れ先の選択肢も広くなります。大学などの場合には提携先が長期的に決まっているので、行く先は選べませんが、語学学校の場合、複数の提携先を持っていることも多く、自由に選ぶことができます。

たとえば、東京・横浜日仏学院の場合、「語学留学ビューロー」のサービスが充実しており、学校、宿泊施設、登録手続き、学生ヴィザの取得までサポートしてくれます。パリだけでなく「海の近く」や「地方都市」などの希望にそって、厳選された17校の中からあなたにぴったりの学校を紹介してくれます。

日仏学院ホームページ
http://www.institut.jp/

フランス語学留学ビューローのページ
http://www.institut.jp/ja/apprendre/enfrance

たとえば 2009-2010 年のモデルプランでは、パリで 1 か月ホームステイをして 2,400 €というプランがあります（内訳はパリ・アコール学校で週 20 時間コース 4 週間：1,040 €、ホームステイ 4 週間：1,280 €、宿泊先手配料：80 €）。航空運賃は別途必要です。

　ここを通して申し込むには手数料がかかりますが、日仏学院はフランス政府が運営している公的な機関ですから、信頼できます。それに、ここで申し込まなくても、こうした情報を参考にして、ほかの語学学校の紹介しているプランと比べれば、高いのか安いのか判断の目安になります。モデルプランも 2 週間、1 か月、3 か月、都市の紹介や宿泊条件といっしょに紹介されていますから、一度はのぞいてみることをお勧めします。

　もうひとつ、日仏文化協会のサイトからでも、短期・長期の留学サポートが受けられます。こちらは民間の企業ですが、長い実績があり、本部（東京）のほかに関西センター（大阪）があります。
　こちらにも、先ほどの日仏学院のプランにあったパリ・アコール学校に 4 週間、ホームステイで行くプランがあります（2010 年）。一日 2 食ついて、こちらは日本円で 457,000 円。しかし、授業時間数など詳しく紹介されていませんので、単純に金額だけを見るのでなく、比較するときは必ず、細かい条件を確認してみる必要があります。

　日仏文化協会のホームページでひじょうに面白いと思われるのは、協会と直接契約しているホームステイ先の家族が写真入りで紹介されている点です。家族の年齢や職業、趣味だけでなく、受け入れの経験年数や食事内容、ペットの有無、禁煙かどうか、洗濯の方法、バスかシャワーのみかなどの情報が見られます。「家族を選べる」というのは大きな avantage です。

　　日仏文化協会のホームページ
　　http://www.ccfj.com/index.html

　　パリ・ホームステイ先家族の紹介
　　http://www.ccfj.com/homestay/index.html

語学だけでなく、フランス料理、アート、音楽、ヘアメイク・モード、写真など専門分野の留学、パン屋さんや花屋さんの現地研修を語学講座つきでサポートしてくれるのも魅力です。次のステップとして視野に入れておいてもいいかもしれません。

Inconvénients

▶ 窓口になる語学学校によって、料金や条件などがいろいろですから、自分でよく調べて比較しなければなりません。私立の語学学校は、当然、営利事業ですから、それなりのお値段をつけているでしょう。高いか安いかの判断は慎重にしなければなりません。

▶ すべての語学学校が良心的とは限りません。安いといって飛びつくのはたいへん危険です。できれば、体験者の意見を聞きましょう。

❸ 現地の学校に自分で登録する

これは三つの中で最も時間と労力を要求される方法です。だから、時間と根気のある方にしかお勧めしません。けれども、それだけに自分で全部成し遂げたあとの達成感はほかの二つの方法と比べたらより一層大きいのです。

Avantage

○ 学校を探し、宿泊先を決めるところから全部自分でやらなければならないので、行く前から鍛えられます。必死になって、フランス語のパンフレットやホームページを読み、メールを書き、ファックスを送り、場合によっては電話をかけ…。日本を出発する頃には、語学的にも精神的にも鍛えあげられ、フランスでの生活にすぐ対応できる状態になっているでしょう。しかも手数料は0円。

○ まあ、そこまでむきにならなくても、インターネット上には日本語の情報があふれており、日本語で手続きの代行をしてくれる業者も多数います。ちなみにGoogleで「フランス　語学留学」と入力して検索すると303,000件ヒットします（2010年8月調べ）。ざっと日本語で調べてから、直接、現地の語学学校にコン

タクトをとるという手順を踏んでもいいでしょう。

Inconvénients

▶情報が多ければ多いだけ、選択の幅は広がりますが、選ぶのが難しくなります。日本の語学学校が窓口になっている場合には、すでに選別されているのですが、自分で一から探すとなると、「自分はどのくらいのレベルなのか」、「どの都市へ滞在したいのか」、「週に何時間授業を受けたいのか」、「クラスの人数はどのくらいがいいのか」、「日本人の多いクラスがいいのか、それとも避けたいのか」など、「自分が何を求めているのか」を明確にしておかねばなりません。

▶宿泊施設を別途自分で探す必要もあります。フランスには私立・公立の語学学校のほかに、大学やその付属機関の語学学校があります。語学学校を選んだ場合、宿泊先の斡旋もしてくれるところが多いのですが、大学を選ぶと、自分で探さなければならない場合があります。

　たとえばパリ第三大学の語学講座はたいへん魅力的ですが、留学担当係の話では「パリはことのほか住宅事情が厳しいので、大学は直接お世話できない。業者を紹介するにとどめている」とのことでした。

▶インターネット上で、ホームステイ先を探すこともできますが、そこには必ずリスクもついてくることを忘れてはならないでしょう。

　たとえばGoogleで「フランス　ホームステイ」で検索すると184,000件、「フランス語　ホームステイ」ではもっと多く306,000件ヒットします（2010年8月調べ）。そこには代行業者サービスもあれば、個人でホームページを作っている人もいて、じつにさまざまな情報があふれています。

そういえば、最近見つけたサイトで、面白いものがありました。ホストファミリーの候補者が一覧できて、家族構成や、家の場所、滞在費用などがわかる掲示板です。都市別になっていましたので「パリ」のホームステイ先として紹介されているファミリーをいくつか見てみると…。

およそパリとは言えない、実際はパリから相当遠い郊外のご家庭

も含まれていました。女の子だったら、夜ちょっと怖いかな、というような地区にお住いのファミリーも。それで安いかというと、パリの中心部のご家庭よりも高い値段設定になっていたりします。

たとえば、部屋の広さが12㎡（平米）で1泊25€で部屋を提供しているご夫婦がいましたが、お住まいはパリの北の郊外サン・ドニよりもはるかに遠いところにあります。一方、パリの西の郊外にある超高級住宅街ヌイイ＝シュル＝セーヌで一人暮らしのマダムが提供している部屋の広さは20㎡（平米）。一泊28€でわずか3€の差ですが、部屋の広さだけでなく、周囲の環境もまったく異なり、パリ市内観光にもはるかに便利です。

もちろん、郊外だからよくないということではありません。郊外でもよい環境はあります。けれどもそこがどのような土地柄かはよく調べてみる必要があります。今はGoogle mapという便利なツールもあるので、せめて自分の行く学校までの道順と距離を確認し、あまり遠くは選ばないようにしましょう。

もうひとつ、ネット上で使われる「ホームステイ」という言葉に最近意味の変化が見られるようです。
たとえば、これはオルレアンで、ピエールという男性が出していた掲示ですが、「ベッドなし、5€」。
確かに、「人のおうちに泊まる」のでホームステイかもしれませんが、これは安く泊まれる場所を提供するという意味です。気楽なつきあいを楽しみたいならいいですが、フランス人家庭での教育的配慮や濃密な文化的交流を期待していくと、ちょっとちがう環境に戸惑うかもしれません。

このように自分でホームステイ先を選ぶためには、「自分が求める滞在条件を明確にしておく」必要があります。ホストファミリーのプロフィールを見ると、家族はほとんど不在、あるいは週末だけいるというお宅もあります。語学研修で行く場合、不在の多い家庭に滞在するなら、ステュディオを借りたほうが気楽かもしれません。

子供がいたほうがいいのか、いないほうがいいのか。子供はいると楽しいですが、「扱い」がわからない人は敬遠したほうがいいかもしれません。家族の誰かと趣味が合えば会話もはずみます。禁煙

なのか喫煙可能なのか。たばこの煙が苦手な人にとって、家族が年中ぷかぷかしていたらつらいですね。お肉が好きなのにベジタリアンの家庭では、おなかが空いてしまうかもしれません。

かといって「理想の家族」などいませんから、どこかで妥協しなければなりません。この妥協点を見つけるためにも、やはり、自分の希望する点を明確にしておく必要があるのです。

以上、ホームステイを選ぶ三つの方法を簡単にご紹介しました。

① 大学や高校など学校が用意する語学留学制度を利用する
② 語学学校を通じて申し込む
③ 現地の学校に自分で登録する

それぞれに Avantages（メリット）、Inconvénients（デメリット）がありますが、①から③に、番号が大きくなるほど、選択肢が増える代わりに、選ぶのが難しくなるのがおわかりいただけましたか。

本書では、初めての人は自分の所属する学校（大学など）が用意する語学留学の制度を利用することをお勧めします。学校にもよりますが、時には採算を度外視して、教育的効果が上がるようにプログラムされているからです。

その次が日本にある信頼できる語学学校を通じて申し込む方法です。自分で登録するのは、たぶん、少し慣れてからのほうがいいでしょう。

最後に、知り合いの学生さんにこんな工夫をした人もいます。その人の大学（都内）では、パリ市内の語学学校で4週間の語学研修を行っています。フランス文学科の学生さんですが、学科ではなく、大学の国際交流センターが企画から手続きまで全部担当します。毎年6〜12人くらいの応募があるそうです。

日本を出発する前にクラス分けの試験（文法と会話）があり、行ってからは短期滞在のアパルトマンに住んで学校に通います。引率教員はついていませんでしたが、一緒に参加した大学のお友達と宿舎も一緒だったので、心強かったし、楽しかったそうです。

2009年夏の参加費用は自由時間にシャトーホテル泊をつけて

560,000円。

　現地での修了試験を受け、帰国してから大学にレポートを提出して4単位認定されました。

　彼女は翌年の夏、同じ語学学校に自分で登録し、そこから宿泊施設を紹介してもらい、ほぼ同じ条件で費用は430,000円で済んだそうです。最初の年はご両親に出してもらったので、一年間アルバイトをしてお金を貯め、2年目は自分で払いました。シャトーホテルはついていませんが、費用は大幅に抑えることができました。来年、地方都市を選べば、さらにもっと安く行かれるでしょう。

　人に助けてもらえば、安心で楽な分、それなりのコストもかかります。初めて行くときはそれも授業料と割り切って、二度目から、自分でできるところは自分ですると費用も安く抑えることができます。

　この学生さんの例はホームステイではありませんが、できるだけ自分でやってみようと思っている人のために、順を追って、少しずつ自分でできることを広げていく方法もあるのだと知っていただくためにつけ加えました。

たとえば、ルーアンのアリアンス・フランセーズなら、2010年3月出発で4週間ホームステイをして356,000円という旅行会社のプランを見たことがあります。出発地は名古屋。行きはお迎えがありますが、帰りは自分でシャルル・ド・ゴール空港まで行き、モン・サン・ミッシェルへの遠足は別料金。授業は午前中3時間、週5日。しっかり勉強したい人には少し物足りない気もしますが、半分は観光が目的なら、のんびりしていいでしょう。午後からパリに行っても、半日遊べます。ホームステイ先では2食ついて、週末は朝食のみ。条件が変わると金額も相当に変わってきますね。

1 シャルル・ド・ゴール空港
【初めて出会う・自己紹介する】

　遙香は 12 時間のフライトを終え、シャルル・ド・ゴール空港に到着しました。入国審査を通って、大きな自動ドアが開けば、そこはもうフランスです。同時に、ここからはフランス語でコミュニケーションしなければなりません。

Situation

　遙香とルヴァスール家の初めての対面です。
　長いフライトの後に、飛行機から降りたばかりで、頭がぼんやりしています。それにまだフランス語を発音することにも、聞くことにも慣れていません。

　遙香は、この本の登場人物で、ひとつのモデルです。じょうずに受け答えしているように見えますが、実際にはこんなにたくさんしゃべれなくてふつうだと思います。

　しかし、ここで展開するシーンは、おそらくみなさんとホストファミリーが最初に出会ったときに交わすだろうコミュニケーションの典型的な内容を含んでいます。

・まず、出会いと同時に、お互いに相手を確認する。
・「飛行機から降りたばかり」というシチュエーションにそって、当然ながら、最初の話題は「旅は順調だったか」、「疲れていないか」という質問が予想されます。
・次に荷物を持ってすぐに移動しますから、誰がスーツケースを持つかなども話題になるでしょう。

さあ、どんな場面が展開するのか、遙香と一緒に体験してください。

Scène 1 *À l'aéroport (se reconnaître, se présenter)*

Dans le hall de l'aéroport Roissy-Charles de Gaulle, Haruka arrive avec sa valise et cherche sa famille d'accueil, les Levasseur.

Haruka (H) : (qui prononce très mal) Bonjour, Madame, êtes-vous Madame « Rouvassol » ?

Olga Levasseur (O) : Rouvassol ?!... Ah, oui ! Bonjour, je suis Olga Leva-sseur. Vous devez être "Aruka"...

Frédéric Levasseur (F) : (qui ne prononce pas non plus le « H ») Bonjour "Aruka", est-ce que tu as fait bon voyage ?

H : (se corrigeant) Oui, Monsieur, c'était bon voyage... Pardon, un bon voyage.

O : Est-ce que tu n'es pas trop fatiguée ? Après toutes ces heures de vol... C'est un vol de combien d'heures ?

H : (qui a d'abord entendu « bol »...) Ah, je comprends. C'était 12 heures. Mais ça va bien, je dormais souvent...

F : (Montrant la valise de Haruka puis celle d'à côté) Et c'est ta valise ? Et celle-là aussi ?

H : Celle-ci, oui, c'est la mienne. Mais pas celle-là...

F : Donne-la-moi, je vais la prendre. On va y aller ?

H : Aller où ?

O : Y aller... c'est... rentrer à la maison. On va t'emmener chez nous.

H : Ah oui, bien sûr. Oui, je suis prête. Je vous remercie.

F : (pendant qu'ils vont vers l'ascenseur) On avait peur de ne pas te trouver, dans cette foule.

H : Oh, moi aussi, j'ai demandé à un autre monsieur... J'avais honte !
F : Il ne faut pas ! C'est normal, tu as bien fait. Il y a tellement de monde... Excuse-moi, ton nom, c'est "Aruka" Yamamoto ?
H : HHaruka ! C'est avec hhhha... HhharOUka !
O : (ensemble, puis riant) HHHarouka Yamamoto !
H : Oui, c'est ça ! Et vous, vous êtes Loubassol ?
O : Euh, pas tout à fait... Le-va-sseur !
H : (faisant un effort surnaturel) Leu-vva-sseurr...

Expression

Rouvassol それとも Levasseur ?

　遙香のホストファミリーの名前は Levasseur。日本語を母語とする私たちには区別しにくい音が入っています。Le と Rou はカタカナ表記するといずれも「ル」ですね。でも、フランス語ではこれは全く別の音です。

　l と r は、日本語のカタカナでは「ラリルレロ」としか表記できません。b と v も「バビブベボ」にまとめられてしまいます。私たちにとって、これらの音は、たぶん宿命的に混同しやすいといえるかもしれません。うっかりすると、すぐ、どっちだったかわからなくなる音です。

　Levasseur の後ろ半分の sseur は、逆にどうやってカタカナ表記したらいいか悩んでしまう。[œ] なんて音、日本語にはないのですから、どうしたって、表記しきれない。耳のほうも、聞いたことのない音ですから、それを曖昧にしかとらえられない。そのためについ、いいかげんに、あるいは自信がないので、もぞもぞと発音をごまかしてしまいがちです。

　けれども、音もまたフランス語表現 expression の大事な要素なのです。とりわけ音の違いが意味の違いを生むような場合には、注

意が必要です。まずは、慎重に耳を澄ますことから心がけましょう。

2 時間か 12 時間か

　オルガの「何時間のフライトだったか？」という質問に、遙香は douze heures（12 時間）と答えています。よく間違えるのは douze heures [duːzœʀ] と deux heures [døzœʀ]。12 時間と 2 時間ではだいぶちがいますね。これが待ち合わせの時間だったら、昼の 12 時と午後の 2 時でとんでもないことになりかねません。特に数字の発音は、多少大げさになってもいいですから、はっきりと口を動かしましょう。

遙香の名前は「HARUKA」それとも「ARUKA」？

　みなさんにとって、フランス語の発音はむずかしく思われるかもしれませんが、じつはフランス人にとっても、日本語の発音はむずかしいのです。本文の中で、オルガもフレデリックも遙香の名前を最初 Aruka と呼んでいます。

　フランス人だって、「ハッ、ハッ、ハッ」と大笑いしたり、「ホッ」とため息をついたりすることはあるんですが…。h の発音は大ぴらに無視。

　たとえば、みなさんもよくご存じのアニメ『千と千尋の神隠し』Le Voyage de Chihiro。日本で売っている DVD にもフランス語の吹き替えが入っていますが、Chihiro の名前は「チイロ」。少年 Haku も同様で「アクゥ」と発音されています。

　日本人の名前が読みにくいということではなく、努力を怠っているだけなのですが、みんなフランス語のように発音されてしまいます。歴代首相の名前も、Nakasone（ナカゾーヌ）、Obuchi（オビュシ）、Hatoyama（アトヤマ）、Kan（キャーンヌ）などなど。京都の祇園はフランス人にとっては Gyon（ギョン）です。

☞ Accent は恥ずかしくない

つまり、生まれてから最初に覚えた言葉は、後から習った言葉にどうしても影響を与えてしまう。これを「母語干渉」といって、誰にとっても避けては通れない現象です。

フランス語ではこうした音の特徴を「アクサン」accent といいます。日本語でいう「なまり」ほどネガティブな意味はありません。むしろその人の話しぶりに現れる「特徴」「個性」を示します。

「外国人」の話す言葉はみんなどこかなまっている。だからあなたも安心して、フランス語でなまってください。フランスでは日本人のアクサンは、愛すべきチャームポイントだともいわれますから。

代名詞の迷宮へようこそ

遙香のスーツケースをフレデリックが持ってくれます。そこで話題になるスーツケース valise（女性名詞）は会話の中で celle-là, celle-ci, la mienne, Donne-la-moi. と形を変えています。

いずれも valise を代名詞で置き換えているのですが、celle-là と celle-ci は指示代名詞、la mienne は所有代名詞、Donne-la-moi. は 3 人称の人称代名詞で目的語になっています。

もちろん valise という単語を繰り返してもいいのですが、日常会話では、これらの置き換えは頻繁に出てきます。

✈ ✈ ✈ 出発前のおさらい ✈ ✈ ✈

✔ **初級の参考書や仏和辞書を見直して、出発前にフランス語の発音の規則を見直しておきましょう**

　フランス語の発音がきれいに聞こえるコツは、じつは母音にあります。日本語は5つ。フランス語は16個。母音を日本語の「ア」「イ」「ウ」「エ」「オ」で済ませてしまうには無理があることはすぐわかりますね。

　けれども、最初からこの16個の音をきれいに区別しようとしてもできないし、中には区別の曖昧な音も含まれています。そこで、出発前に次の点に注意しておさらいしておきましょう。

❶ **フランス語の「ア」「イ」「ウ」「エ」「オ」の音は、日本語と違う**

　これはどういうことかというと、日本語の「ア」「イ」「ウ」「エ」「オ」は使い慣れていますが、これに相当する音をフランス語の中で再現するとき、ちょっと注意が必要だということです。

　まず、日本語の「ア」「イ」「ウ」「エ」「オ」に比較的近い音になると思われるフランス語のつづりを書き出してみましょう。

練習
「ア」
「イ」
「ウ」
「エ」
「オ」

答え	
「ア」	a, à, â
「イ」	i, î, y
「ウ」	ou, où, oû
「エ」	é, è, ê, ai, ei, aî
「オ」	o, ô, au, eau

★これらのグループは、わかりやすくするために大まかにまとめています。例えば「エ」にまとめられている「é, è, ê, ai, ei, aî」のつづりは、発音記号で書くと [e] と [ɛ] の2種類の音に区別されます。フランス語の音としては2種類あるわけです。けれども、最初はこのようにおおざっぱなくくりで頭にいれておくだけでも大丈夫です。慣れてきたら、区別できるようにしましょう。

では、この中で、特に「イ」i, î, y と「ウ」ou, où, oû の音に注目してください。

これらのつづりは、日本語の「イ」「ウ」より口の周りが強く緊張します。フランス語の「イ」は口を思いっきり横に引いてください。「ウ」では丸めて突き出した唇の先から喉の奥までをまるで一本の管のようにして、お腹から強く息を吐き出してみてください。

次の単語で練習しましょう。ici、hier、tout、sous

今度は日本語の「石（いし）」、「家（いえ）」、「富士山（ふじさん）」、「寿司（すし）」をいつものように発音してみてください。ちょっと違うでしょう？

❷日本語にない音は、ひたすら聞いて真似をする

よく音が混同されるつづりに ou と u があります。日本語の「ウ」に近いのは ou というつづりで、u は「ウ」ではありません。強く緊張した「イ」と「ウ」の中間の音で、日本語の「ユ」に近いのですが、喉の奥がもっと緊張します（発音記号では [y]）。日本語の「ユ」と似ているけれども、かなり違います。

じつは「富士山」をアルファベットに直すと Fuji-san。つづりはFu ですから、この音は「フュ」に近く「フ」にはなりません。このつづりのままフランス式に発音すると「フュジサン」。つづりをFouji-san に変えないと、「フジ」とは発音されないのです。

発音記号で書くと [y]、[ə]、[ø]、[œ] の音、そして鼻母音は、

日本語の音の中にはありません。これは辞書や初級の参考書の説明をよく読んで、口の動き、歯や舌の位置を確認するだけではなかなかでません。「人間は聞いたことのない音は再現できない」からです。そこで、これらの音に関しては、どのように口を動かせばよかったかをおさらいして、何度も音を聞きながら、繰り返し練習して身につけていくのが確実な方法です。

そして、じっさいにフランスへ行って、ホームステイの生活が始まったら、Comment ça se prononce ?（これはどう発音するの？）ときいて、何度も繰り返し直してもらうようにしましょう。それこそがホームステイの醍醐味なのですから。

✔ 数字はしっかり1000まで覚えよう

douze heures と deux heures のように間違えやすい数字のほかに、数字は次に単位となる heure(s), euro(s), an(s) などが来た場合に、リエゾンして音が変わることに気をつけましょう。数字は単独で覚えたら、次はユーロなどと組み合わせてリエゾンの練習をします。パン屋さんでも本屋さんでも、毎日の買い物に数字は欠かせません。

✔ 代名詞を徹底して覚えて行こう

ここにでてくるような指示代名詞（celui, celle, ceux）、所有代名詞（le mien / les miens, la mienne / les miennes, le tien / les tiens, la tienne / les tiennes, le sien / les siens, la sienne / les siennes, le nôtre / la nôtre / les nôtres, le vôtre / la vôtre / les vôtres, le leur / la leur / les leurs）、人称代名詞の目的語（直接目的語 le, la, les と間接目的語 lui, leur）は形と一緒に置く場所もおさらいしましょう。そして、知識として理解するだけでなく、実際に言いかえてみる練習が必要です。

最初はむずかしいかもしれませんが、置きかえて使ってみないと慣れません。慣れれば自然に出てくるようになりますので、ここは少しの努力が必要です。

このほかにも、人称代名詞の強勢形、中性代名詞など、代名詞の

総ざらいをしておくと行ってからかならず役に立ちます。

　さて、出発前のおさらい。ウオーミングアップはこんなところでしょうか。これからおさらいすることがたくさん出てきます。さらに加えて覚えておくといい中級の内容もでてくるので、初級で習ったことを復習しながらしっかりおさらいしましょう。

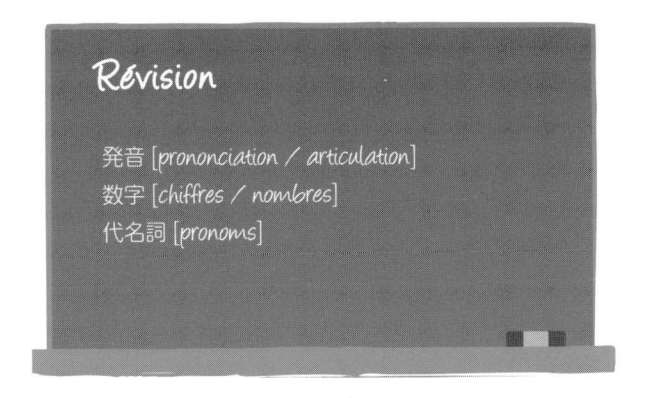

Révision

発音 [prononciation / articulation]
数字 [chiffres / nombres]
代名詞 [pronoms]

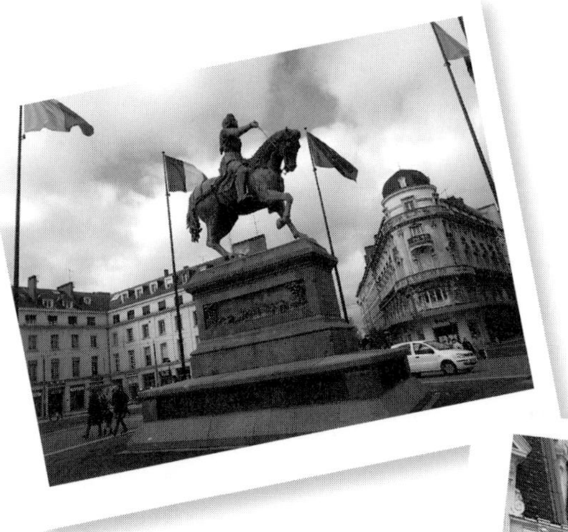

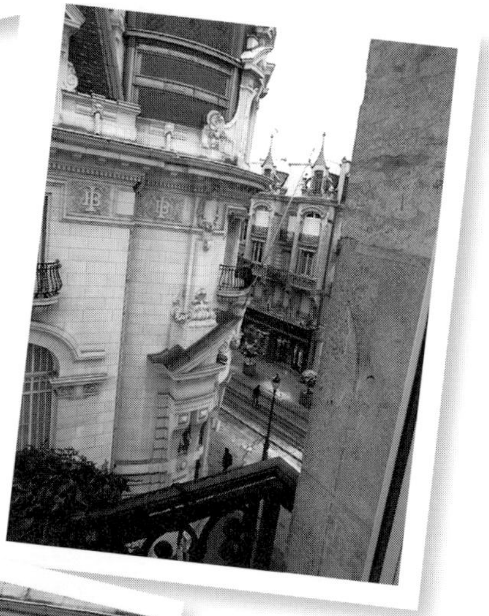

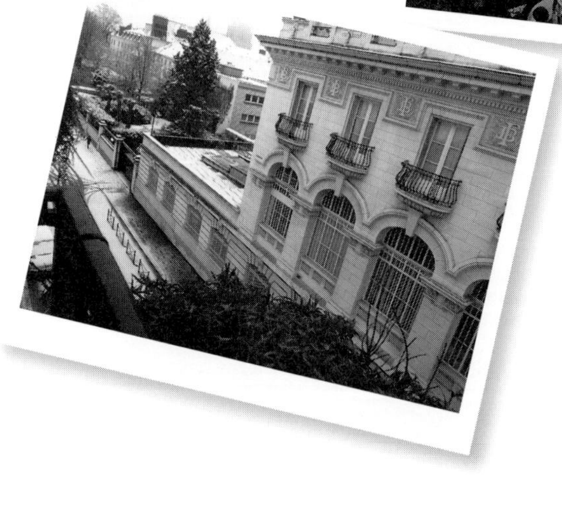

② パリへ向かう車中 【驚き】

　空港で無事にホストファミリーと合流した遙香は、車でパリへ向かいます。さて、車の中で、どんな会話が始まるのでしょう。

　この場面は、車中という「密室」です。しかも外国語の密室にフランス人と閉じ込められるという体験は、遙香にとって初めての状況です。

　フランスに着いたばかりで疲れてはいますが、新しい環境に興奮もしています。目に入るもの、耳に入るもの、すべてがめずらしく、新鮮です。その驚きを言葉にしてみましょう。

Situation

　フランス人はよくおしゃべりだといわれますが、実際に話している量は相当なものでしょう。しかし、会話の内容は、かならずしもテマティックであったり、議論であったりするわけではありません。その点は私たちの日常会話も同じ。「今日は暑いね」とか「お天気が悪いね」とか…。

　フランス人はお天気の話なんかしないっていう人もいますが、どうして、どうして、Il fait beau ! に始まる会話の多いこと。これは「お天気がいいですね」という事実の提示ではなく、むしろ「天気が良くて気持ちがいいですね、あなたもそう思うでしょ、私と同じですね。るんるん…」というコミュニケーション、気持ちの交流なのです。

　何もしゃべらない人というのは、少し「不審」の目で見られます。この人はどっか具合が悪いんじゃないか？　ひょっとして病気なのかな…。

しばらくフランスに暮らしてみると、どうやらみんな「見ればわかるようなことも、いちいち言語化しないといられないようだ」と気づきます。きれいな花が咲いていたら、黙ってきれいだと思っているだけでなく、C'est joli ! と周りの人に言いたい。言われた方も、うなずくだけでなく、何か気の利いた返事をとっさに探す。ただ、「きれいだ」と繰り返すだけでなく、「色が鮮やかだ」とか「この赤がいいね」とか、「なんて小っちゃいんでしょう」とか、「ここんとこの花弁がくりんと丸まってかわいいね」とか…。なにか一言コメントを加えます。

　じつはそこから会話が広がっていくんです。「子供のころの思い出の花だ」「どこそこの庭でも見たよ」「名前はなんだ？」「毎年夏に咲いてるね」「でも、においがしないぞ」「においといえば、こないだね」etc…。

　「わあ、私にはとてもそんなことできない！」なんて尻込みしないでください。たしかに最初のうちは、聞いているだけで嵐のように感じるかもしれません。でも、あなたがフランス語の会話に慣れていないことは、その場の人はよくわかっています。黙っていても、雰囲気を壊したりする心配はありません。

　けれども、ほんの少し勇気をだして、この本の遙香のように、ちょっとした驚きを素直に言葉にしてみてください。会話は自然に流れていきます。大丈夫、ほっておいても、ほかの人が引き継いで勝手にしゃべってくれますよ。とめる方がむずかしいんです。

Scène 2 *Dans la voiture vers Paris : étonnements*

track no. 003, 004

Frédéric (F) : Ça va, Haruka ? Tu as l'air tendue... Ça ne va pas ?

Haruka (H) : Excusez-moi. "Tendue"... qu'est-ce que c'est ?

Olga (O) : Heu... "tendue", "crispée", on dirait que tu as peur de quelque chose.

H : C'est... C'est bizarre. (Désignant sa place.) Au Japon, ma place, c'est à gauche.

O : Ah oui, c'est vrai, au Japon, on conduit à gauche et donc le volant est à droite !

H : (désignant la boîte de vitesse) Et puis ça ? C'est compliqué, non ?

F : Ah, la boîte de vitesse ! Euh, non, c'est normal, il y a cinq vitesses... C'est comment au Japon ?

H : C'est automatique, presque pour tout le monde. En France, il n'y en a pas ?

F : Avec la boîte automatique ? Si, ça existe, mais c'est plus cher. Les Français n'aiment pas beaucoup ça.

H : (Ils arrivent à un rond-point) Et ici, on ne s'arrête pas ? Ça fait peur !

F : C'est un rond-point, on doit tourner autour et sortir où on veut. Il faut faire attention mais on n'a pas besoin d'attendre que le feu passe au vert.

H : Au vert ? Au Japon, on dit bleu !

O : On fait un tour dans Paris ou on va directement à la maison ?

F : À cette heure-ci, il y a pas mal de circulation et puis si Haruka est fatiguée...

H : Un peu, mais... On est où, ici ? C'est bon ce paysage !

F : (sur le boulevard périphérique, Porte de Bercy) C'est la Seine. Ici, à droite, tu as la Bibliothèque nationale, avec ses quatre tours. Et tout au fond, la Tour Eiffel.

O : Et on habite derrière la Bibliothèque nationale, un peu plus loin. Tu vois le Panthéon, avec le toit rond éclairé ? C'est tout près de chez nous !

H : Ah, oui ! C'est bon !

O : Tu veux dire que "c'est beau" ?

H : Ah pardon, oui, c'est beau ! Et c'est rapide ! Paris n'est pas loin de

l'aéroport ?
F : Roissy est à 30 km de la maison, je crois. Et à Tokyo, l'aéroport est à combien de kilomètres du centre ?
H : Kilomètres, je ne sais pas... Mais c'est à peu près deux heures de ma maison en train.
F : (passant devant une boulangerie) Deux heures, c'est incroyable !... Olga, est-ce qu'on a besoin de pain ?
O : Non, ça va, pour ce soir et demain matin, j'ai tout ce qu'il nous faut.

Expression

Ça va? は万能選手

　　初級で最初に出てくる Ça va ? は軽いあいさつ。フレデリックは遙香に Ça va ? ときいていますが、これはあいさつではありませんね。遙香が緊張しているようだから、「大丈夫?」と「様子をきいている」のです。Ça va ? をあいさつの表現としてだけ覚えているのはもったいないことです。この表現は万能選手。いろいろな場面で活躍します。

　　たとえば、転んだり、どこかへ物をぶつけたりした人に声をかけるときも Ça va ?。
　　語学学校の教室で先生が Ça va ? と聞いたら、それは「授業の内容がわかりましたか?」という確認。誰かが何かを説明してくれたあとに、この言葉を言った場合も同様。
　　仕事や勉強の進捗状況を尋ねるときも Ça va ?。これは「どう、進んでる?」「うまくいってる?」という意味。Ça va ? はどんな場面でも使える日本語の「大丈夫」によく似ています。

　　答え方も、「大丈夫です」「順調ですよ」「わかりました」と肯定なら Ça va.
　　あるいは状況に応じて、Ça va (très) bien.

場合によってはmerciを最後につけてÇa va (très) bien, merci.（転んだりして助け起こされたときなど）。

merciの後にさらに相手の名前やMonsieur, Madame, Mademoiselleをつなげてより丁寧にすることもあります。

反対に、「だめ、大丈夫じゃないの」「うまくいかない」「わかりません」の場合にはÇa ne va pas. しばしばneを落としてÇa va pas.

「完璧にお手あげ」「全然ダメです」の場合にはÇa (ne) va pas du tout. と強調します。

Qu'est-ce que c'est? をじゃんじゃん使おう

初級の最初に出てくる構文 Qu'est-ce que c'est ?—C'est un livre.（これは何ですか？—これは本です。）今こそこれを使うときです！

なんですって？「そんなぁ、だって、あまりに簡単で子供じみているじゃないですかぁ?!」そうお考えのあなた、フランス語を初めて何年ですか？ 1年？ 2年？ なら、子供みたいで当然。フランス語の「ボキャビュレール」vocabulaireだって、まだ、そんなにない。だからこそ、Qu'est-ce que c'est ? があなたの最大の武器になるのです。Qu'est-ce que c'est ? は、ボキャビュレールを増やすおまじないです。

遙香はここで、聞き取った単語の意味をきいています。まず、初級で習った表現を思い出してみましょう。

たとえば、まったく聞き取れなかったときは？
Pardon ?
Comment ?

それでも相手の反応が今ひとつピンときていないようだったら？
Je n'avais pas très bien compris.　よくわかりませんでした。

Vous pouvez répéter, s'il vous plaît ?
もう一度言ってください。
Tu peux répéter encore une fois, s'il te plaît ?
もう一回言ってみてくれる？

単語の意味がわからなかったら？
Excusez-moi, « tendue », qu'est-ce que c'est ?
あのぉ、「tendue」って、何ですか？
Excusez-moi, « tendue », qu'est-ce que ça veut dire ?
あのぉ、「tendue」って、どういう意味ですか？
Ça veut dire quoi, « tendue » ?
それってどういう意味ですか、「tendue」って？

　ところで Qu'est-ce que c'est ? と Qu'est-ce que ça veut dire ? の違いは、前者が「言葉」も「物」も同じ次元で「何であるか」を尋ねているのに対し、後者は「言葉」を問題にして「それはどういう意味か」と質問するための表現です。

　Qu'est-ce que ça veut dire ? はまた、単語だけでなく、相手の言った言葉全体を指して、「それはどういう意味ですか？」と尋ねるときにも使います。ということは、やさしく言ったときと、けんか腰で言ったときでは、意味の違いを生じることになります。じょうずに使い分けましょう。

Au Japon / En France

　遙香はフランスと日本の車文化のちがいを取り上げて話題にしています。フランス人はたしかに車が好き。さすがにミシュランの国。結婚すると、冷蔵庫より先に車を買うともいわれています。けれども、これは一例。フランス人に会ったら、なにをおいても車のことを話題にしなくちゃということではありません。むしろ、どんなものでも話題になるのです。

　そしてどんな話題でも、かならず入り込む要素として、日仏の「比較」が挙げられます。Au Japon と En France の比較ですね。

ここで車が話題になっているのは、フランス人の車好きだけでなく、自動車は日本を代表する工業製品でもあるからです。リーマンショック以前のヨーロッパでは、日本の自動車は驚異的な市場進出を見せていました。日本経済の指標として、自動車業界の動向を尋ねられることもあります。

　ほかにも、日本とフランスで比較できることはたくさんあります。人口や国土の面積はあいさつ代わりの質問です。頭の隅に小さなデータ・ベース（banque de donnée）を用意しておくと便利ですよ。

	Au Japon	En France
Superficie	377,944 km²	632,834 km²
Population	127,426,778 habitants	63,800,000 habitants

日本の面積は http://www.stat.go.jp/data/nihon/index.htm
日本の人口は http://www.stat.go.jp/data/jinsui/pdf/201008.pdf
フランスの面積・人口は在日フランス大使館の「基本情報（日本語ページ）」http://www.ambafrance-jp.org/spip.php?article3833

　こうした数字はどの資料を基にするかによって異なります。だいたいの数字を覚えておくだけでいいでしょう。「およそ」「だいたい」の表現には次のようなものがあります。

　　日本の国土は、environ trois cent quatre-vingts mille km²
　　人口は、à peu près cent vingt-sept millions d'habitants
　　　　　　　　　　　＊km² の読み方は kilomètres carrés

　会話をつなげるコツは、ここですかさず、比較を持ち出すことです。
　　La superficie du Japon est à peu près la moitié de celle de la France.
　　日本の面積は、だいたい、フランスの国土の半分です。
　　Et pourtant, la population au Japon est deux fois plus nombreuse qu'en France.
　　にもかかわらず、人口はフランスの2倍です。

視点を変えて練習してみましょう。フランス語に直してみてください。

・フランスは日本のおよそ 2 倍の大きさです。
・けれども、フランスの人口は日本の半分しかありません。

どうですか？　いろんな言い方ができるはずです。たとえば、こんなふうに…。

La France est à peu près deux fois plus grande que le Japon.
Mais la population de la France n'est que la moitié de celle du Japon.

ふたたび代名詞、でも、迷宮の救世主

Ça va ? という表現に使われている ça。これは代名詞。代名詞といえば、性・数の一致や単数・複数、直接・間接、所有、中性なんてのもあって、それこそ迷宮のようです。ところが、この指示代名詞 ça は、迷宮のお助けマン。口語表現ならではの便利な道具です。なぜなら、性も数も関係なく「それ」として、何でも指し示すことができるのですから。

遙香は車の「ギア・ボックス」la boîte de vitesse を指して、Et puis ça ?（で、そっちのそれは？）とフレデリックに訊きます。ここで指示さなければならないのは、それがなんであるかわからない（つまり、どの名詞で指示されるかわからない）ものです。

Scène 1 のスーツケースを指示代名詞 celle で受けなおした例と比べてみてください。celle（指示代名詞 celui の女性形）で受けるには、指し示すものが valise（女性名詞）であることが明白でなければなりません。

しかし、ここでは「なんだかわからないもの」を指すのですから、性も数も超越した形でなければならない。そこで「なんでも入る箱」のような指示代名詞 ça の登場です。

以下は教科書によくある練習問題で、下線を引いた目的語を代名詞に置き換えるものです。

Prends ce <u>parapluie</u>.	この傘をもってきなさい。	⇨ Prends-le.
Prends cette <u>clé</u>.	この鍵をもってきなさい。	⇨ Prends-la.
Prends ces <u>fleurs</u>.	これらの花をもっていきなさい。	⇨ Prends-les.

　これらが全部、会話なら Prends ça.（これ、もってきなさい）で済まそうと思えば済んでしまう。目の前にそのものがあるか、あるいは話の流れから、わざわざ名詞を持ち出して名指す必要がないと思われる場合です。

　そこで、フランス人のフレデリックも、Avec la boîte automatique ? Si, ça existe... Les Français n'aiment pas beaucoup ça. と、ça を多用。ça の中身は、今、話題になっている「オートマティック車」だということはすぐにわかります。

　しかし、テクストをよく見直すと、初級の文法のテストみたいに「この代名詞に置き換えられている元の名詞」を本文から探し出そうとしても、どこにもそれらしき単語はみつかりません。それもそのはず、すでに話題として、フレデリックと遙香の間には共通の理解が成立しているのですから、長々と la voiture avec la boîte automatique なんて、繰り返し言う必要はないわけです。あえて言わなくてもわかるなら、最初から ça で言ってしまったほうが手っ取り早い。日本語なら「そういうの」とでも言って済ませているところでしょう。

　このように口語で頻繁に出てくる ça ですが、できれば、ちゃんと言えるときは名詞を使い、適切な代名詞で置き換えるようにしないと、練習になりません。それだけでなく、じつは、ça は「なんでも入ることが可能」な箱であるゆえに、その曖昧さが誤解を生むこともあります。Prends ça. と言われて手に取ったものがそうでなかった。「そっちじゃなくて、僕が言ったのはこっちだよ」なんてことも。だから注意が必要です。

　とはいえ、この便利な ça を使った熟語表現はたくさんあります。

遙香の使っている Ça fait peur.（怖い）のように、Ça fait... で始まる日常表現は、お買い物のときの Ça fait combien ?（いくらになりますか？）、シャワーなどを浴びてさっぱりしたときに言う Ça fait du bien.（気持ちいい）、どこかにおでこをぶつけて Ça fait mal.（あいたたた…）、思わず笑ってしまって Ça me fait rigoler.（私、笑っちゃった）などがあります。もちろん、もっとほかにもありますから、耳に入ったらノートしておくといいですよ。

とはいっても代名詞、頻繁に登場します

中性代名詞 en を使った表現。遙香が En France, il n'y en a pas ? ときいているのは、話題になっている「オートマティック車」がフランスにはないのかということ。中性代名詞 en を使わずに書いてみると En France, il n'y a pas de voiture avec boîte automatique ? となります。

de を含む表現、あるいは不定冠詞、部分冠詞のつく名詞を受ける en はしばしば、il y a の表現と一緒に用いられます。
Il y en a.　それならありますよ。
Il y en a [un(une) / d'autres / beaucoup].
　それなら [ひとつ / 別のが / たくさん] あります。
Il n'y en a pas.　それはありません。
Il n'y en a plus.　それはもうありません。

熟語表現

Il faut faire attention.　気をつける必要がある。
非人称の表現 Il faut... は、しばしば「ねばならない」と訳され、devoir を使った表現との違いが曖昧になります。

Il faut... の場合は「そうする必要があるので、しなければならない」。
たとえば、Il faut que j'aille aux toilettes. 日常会話で耳にするのはこちらのほうです。トイレに行きたい状態、トイレに駆け込むときなどですね。緊急で具体的です。

一方 Je dois aller aux toilettes. といったら、少し婉曲になり、「手を洗いに行きたいだけなのかもしれない」と相手は思うでしょう。

Il faut... を使うときに、もうひとつ注意しなければならないのは、次に来る動詞の形です。Il faut faire attention. のように動詞の不定法だけでなく、que をもってきて、接続法を使う場合もあります。

このシーンのコンテクストで Il faut faire attention. を que を使った接続法の形に書き直すと次のようになります。
　Il faut qu'on fasse attention.

「気をつける必要がある」のは、特定の人でなく、すべての人に当てはまります。少しむずかしくなりますが、一般の人すべてに言えることについて、特にその中に含まれる「私たち」に焦点を当てつつ注意を喚起したいのです。そこで、主語は漠然と人を指したり、会話の場にいる「私たち」を指す on が使われます。
　☞「on」の使い方については、別のページでまた取りあげます。

さて、Il faut... を否定文にすると、今度は、禁止表現「してはならない」になります。これは「そんなことする必要がない」という意味ではなく、むしろ「そんなことするな」という禁止です。
　Il ne faut pas faire ça.　そんなことしてはいけないよ。

一方、次の表現 avoir besoin de... を使うと、まさに「する必要がある / ない」を言うことができます。
　On a besoin d'attendre que le feu passe au vert.
　信号が緑になるまで待つ必要がある。
　 On n'a pas besoin d'attendre que le feu passe au vert.
　信号が緑になるまで待つ必要はない。

✈✈✈ 出発前のおさらい ✈✈✈

✔ 日本のことを調べておこう

　出発前にフランス語の文法や表現をおさらいしておくのはもちろん大事なことですが、その前に日本のことを知っておく必要があります。いくら語彙や表現が豊かになっても、話す内容がなければ、会話にはなりません。

　厳しいことを書きますが、毎年、日本の大学生があまりに自国のことを知らないのに驚かされるという話を耳にします。

　時間的に余裕のある人は、日本の4大都市（東京、横浜、大阪、名古屋）の人口を調べて数字を言ってみる、次にフランスの同規模の都市を探して人口を比べてみるなど、練習をしておくといいでしょう。
　こういう練習には総務省・統計局のページが便利です。
　http://www.stat.go.jp/data/nihon/index.htm

　さらに、面積や人口だけでなく、外国人労働者の数や、余暇の時間など、日仏の社会を比較できそうな数字をWebサイトで検索してみるのもいいでしょう。もちろん、日本語のページだけでなく、フランス語のページを参考にすると、時事的な語彙を増やすことにもなります。

　同時にそれは、みなさんが日本文化、日本社会を再発見することであり、異文化としてのフランスの魅力をあらためて感じることにもつながります。フランスへ行って、自分の目で違いを確かめよう！という気持ちが高まってくるはずです。ぜひ、やってみてください。

✔ 国の名前を前置詞と一緒に見直しておきましょう。

　ファミリーやフランスで知り合う人との話題は日本とフランスの比較が中心になるでしょうが、比較はほかの国に及ぶこともあります。

とりあえずは初級の参考書に載っている国名を見ておけば十分ですが、よくニュースに登場する国の名前が載っていないことも多いので、ユーロ圏、アジア、そして世界のニュースでよく名前の挙がる国をひろい、基本のリストを作りました。

みなさんも出発前に国際ニュースを見て、話題になりそうな国の名前をこのリストに加えてください。出発前に国際情勢をつかむきっかけにもなります。

l'Angleterre	anglais(e)	l'Afghanistan	afghan(e)
l'Allemagne	allemand(e)	la Chine	chinois(e)
la Belgique	belge	la Corée	coréen(ne)
la Grèce	grec, grecque	l'Inde	indien(ne)
l'Espagne	espagnol(e)	l'Irak	irakien(ne)
l'Italie	italien(ne)	l'Israël	israélien(ne)
la Roumanie	roumain(e)	l'Iran	iranien(ne)
		le Pakistan	pakistanais(e)
		la Russie	russe
		les États-Unis	américain(e)

これらの国名を、場所を表す前置詞（à, de）と一緒に使うとき、男性名詞の国（le Japon ⇨ au Japon, du Japon）と女性名詞の国（la France ⇨ en France, de France）では形が違うことも、忘れずにおさらいしておきましょう。

✔ 大きな数字は大まかに

面積や人口など、大きな数字は大まかに、100万の単位くらいで四捨五入して覚えて言えれば十分です。

また「およそ」「だいたい」の表現にはExpressionで練習したenviron や à peu près を頭につけるほかに、次のようなおよその数を示す表現もあります。初級では扱っていない場合もあるので、以下を参考にしてください。

```
(8)  huit ⇨ huitaine            (10) dix ⇨ dizaine
(12) douze ⇨ douzaine           (15) quinze ⇨ quinzaine
(20) vingt ⇨ vingtaine          (30) trente ⇨ trentaine
(40) quarante ⇨ quarantaine     (60) soixante ⇨ soixantaine
(50) cinquante ⇨ cinquantaine   (100) cent ⇨ centaine
(1000) mille ⇨ millier
```

語尾に -aine がついているのは女性形です。
une dizaine de personnes といえば「だいたい10人くらいの人々」をひとくくりとして指します。

この「ひとくくり」にフランス語らしさがあり、8, 10, 12, 15, 20, 30, 40, 50, 60, 100, 1000 をひとつの単位とします。ちょっと日本語にはない発想ですね。

＊このなかで huitaine だけは、もっぱら1週間の単位として使われます。

これらの中で一番大きい 1000 の単位 millier だけが男性形です。
un millier, des milliers de personnes といったら、数千人というより、もう「数えきれないくらいたくさんの人」のニュアンスに近いですね。

✔ 比較表現は moins に慣れること

比較の基本構文は簡単ですから、ここで覚えてしまいましょう。

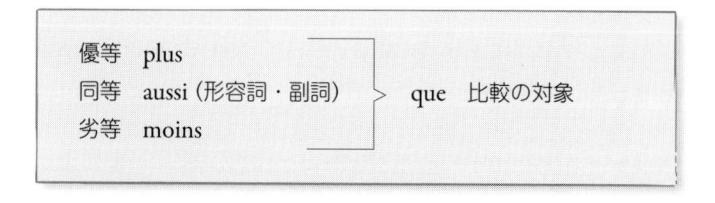

```
優等  plus
同等  aussi (形容詞・副詞)  ⎫ que  比較の対象
劣等  moins                 ⎭
```

この中で、日本語になじみにくいのは、moins を使った劣等比較です。「より少なく〜だ」という日本語は、まず使わないのではないでしょうか？　そこでつい避けたくもなりますが、じつはフラ

ンス語では日常よく使われる表現なのです。慣れるとひじょうに便利でもあり、まず口語でよく使う表現を覚えてしまいましょう。

C'est moins bien.　いまひとつ、よくないね。
C'est moins bon.　いまひとつ、美味しくないね。

> よく混同されるのが、bien と bon。bien は「良く」という副詞で、bon は「良い」という形容詞。「お味が良い」という意味では bon を使います。Très bien ! は「よくできました」あるいは「たいへん結構です」、Très bon ! は「たいへん美味しいです」となります。本文中で遙香が車の窓から見えるパリの景色に感動して C'est bon ! と言ったとき、フレデリックが Tu veux dire que c'est beau ? と聞き返しているのは、この bon の使い方を間違えているからですね。

それでは、よく使う形容詞といっしょに

moins grand(e)
moins long(ue)
moins joli(e)
moins cher(chère)

moins の表現に慣れるコツは、じつは日本語に訳さないことです。
que 以下の比較の対象が示されなくても、moins は、「ある基準からすると、それを下回る」というニュアンスにもなります。実際に何かを目の前にして、言ってみると、これが便利だということに気づきます。そうなったら、しめたものです。どんどん使ってみましょう。

✔ 接続法に挑戦してみよう

接続法のニュアンスはとてもむずかしくみえますが、最初は機械的に接続法が要求される言い回しを練習しましょう。

必ず接続法が要求される表現には Il faut que... のほかにも、たと

えば次のようなものがあります。

Pour que...　～するように

Explique bien pour qu'on puisse mieux comprendre.
みんながよくわかるように、ちゃんと説明してちょうだい。

Avant que...　～する前に

Il faut finir avant que ce soit l'heure de partir.
出発の時間になる前に、終わらせなければならない。

Je ne crois pas que...　～とは思わない

Je ne crois pas que la crise soit finie.
この経済危機が終わるとは思いません。

Je crains que...　～ではと心配する

Je crains qu'il ne fasse pas beau dimanche.
日曜日はお天気がよくないんじゃないかと心配だ。

これらの表現は que 以下の節に、必ず接続法を従えます。例文の中の下線の動詞がそうです。初めて接続法を見る人には、見慣れない形かもしれません。それでは接続法・現在の形を覚えましょう。

［接続法・現在の活用］

1　je、tu、il(elle)、ils(elles) の語幹は、直説法・現在形の3人称の語幹と同じです。

［例1］　partir（出発する）：語幹は partir の直説法・現在3人称の形 ils **part**ent　⇨　part
接続法・現在 je, tu, il, ils の活用は次のようになります。

que je　parte	que nous	
que tu　partes	que vous	
qu'il　parte	qu'ils	part**ent**

接続法は que の後に続くのが基本的な使い方なので、活用の段階から que を頭につけて練習します。

　この活用語尾は、どこかで見た覚えがありませんか？　そうです、直説法現在と同じですね。

2 次に 1 人称と 2 人称の複数の場所を埋めてみます。
nous, vous の語幹と活用語尾は、直説法・半過去形をそのまま用います。

que je parte	que nous part**ions**
que tu partes	que vous part**iez**
qu'il parte	qu'ils partent

これでできあがり。

partir の場合、直説法・現在 3 人称の形と直説法・半過去形の語幹が同じなので、語幹の変化が見られませんが、次に見る venir では、直説法・半過去形の語幹が異なるので、語幹は 2 種類になります。

[例2] venir（来る）
je, tu, il, ils の語幹は、直説法・現在 3 人称から
ils **vienn**ent ⇨ vien
nous, vous の語幹は、直説法・半過去形から
nous **ven**ions ⇨ ven

que je vienne	que nous ven**ions**
que tu viennes	que vous ven**iez**
qu'il vienne	qu'ils vienn**ent**

この活用語尾だけを抜き出し、語幹を A（直説法・現在 3 人称の形）と B（直説法・半過去の形）に分けると、

que je A e	que nous B **ions**
que tu A es	que vous B **iez**
qu'il A e	qu'ils A ent

これはすべての動詞に共通。接続法は規則的です。

> 練習

Il faut que je parte.
Il faut que tu partes.
Il faut qu'il.............
さあ、この後を続けて言ってみてください。

ただし、例外があります。avoir, être, faire, aller, savoir は特別な語幹が必要です。

avoir, être は「命令法」の形にもなるので、まるごと覚えることをお勧めします。

avoir			
que	j'aie	que nous	ayons
que tu	aies	que vous	ayez
qu'il	ait	qu'ils	aient

être			
que je	sois	que nous	soyons
que tu	sois	que vous	soyez
qu'il	soit	qu'ils	soient

（cf. 命令法 aie / ayons / ayez）　　（cf. 命令法 sois / soyons / soyez）

faire, aller, savoir は語尾の形は規則的ですが、語幹が特殊な形になります。

faire	
que je	fasse
que tu	fasses
qu'il	fasse
que nous	fassions
que vous	fassiez
qu'ils	fassent

aller	
que	j'aille
que tu	ailles
qu'il	aille
que nous	allions*
que vous	alliez*
qu'ils	aillent

savoir	
que je	sache
que tu	saches
qu'il	sache
que nous	sachions
que vous	sachiez
qu'ils	sachent

☞ aller の nous, vous は規則通りに直説法・半過去形と同じ

これらの動詞は語幹が安定しているので、je の形だけ覚えておけば大丈夫です。そこで次のような例文と一緒に暗記するのが早道です。

Il faut que je fasse des courses.　私、買い物しないといけないのよ。
Il faut que j'aille à la fac.　僕、大学に行かないと。
Il faut que je sache la vérité.　私は真実を知る必要がある。

接続法には半過去もありますが、これは日常会話では使われません。文学作品や演説のなかでのみ使用されます。だから、覚えなくても問題ありません。

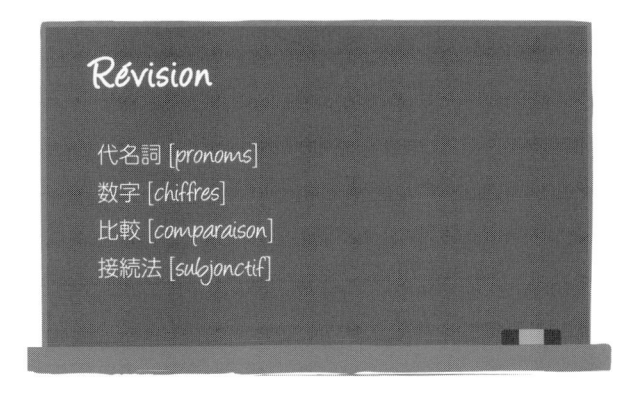

Révision

代名詞 [pronoms]
数字 [chiffres]
比較 [comparaison]
接続法 [subjonctif]

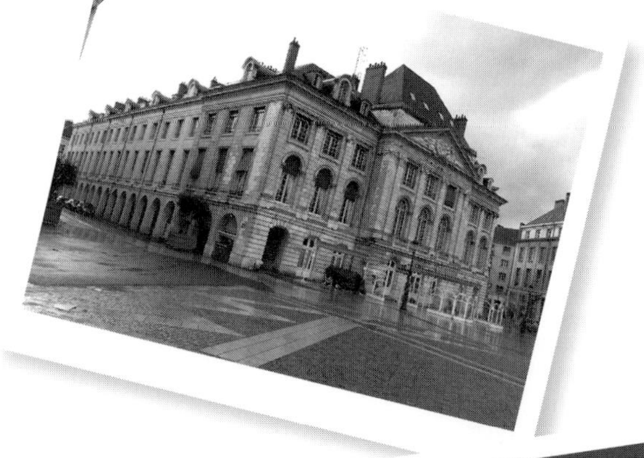
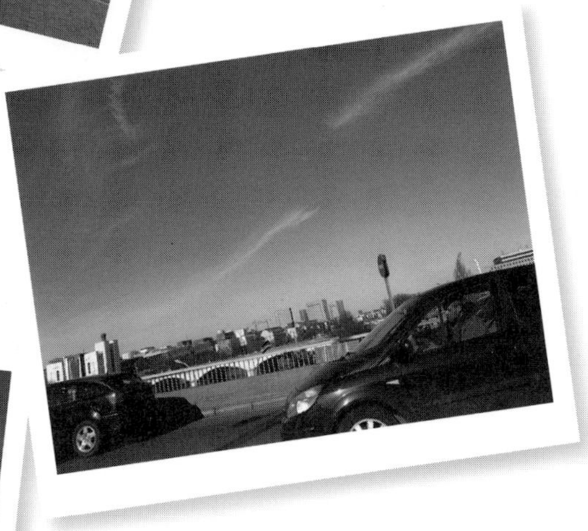
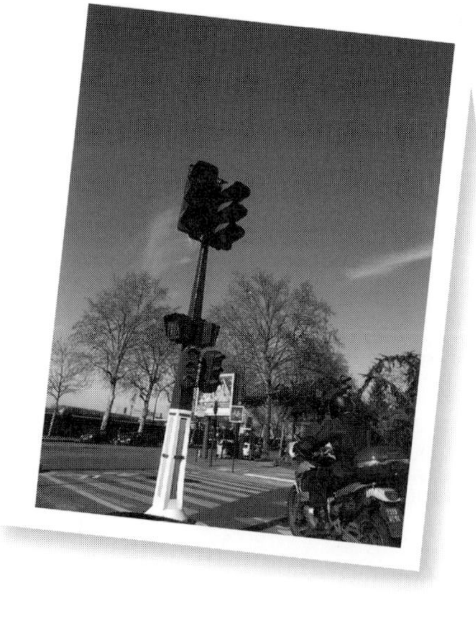

3 家に着いて 1 【お宅拝見】

　さて、いよいよ、遙香はホストファミリーの家に着きます。パリの中心に近い5区のアパルトマン。地下駐車場に車を入れて、ファミリーの住居にのぼっていきます。ここで娘のジョアナにも初めて会います。家族全員がそろって、遙香はジョアナに家の中を案内してもらいます。

Situation

　家に着くまでの車の中で、ルヴァスール夫妻との会話はなんとなく調子がつかめてきた遙香です。さらに、ここで同じくらいの年齢のジョアナが加わり、まさにファミリーの一員として遙香が迎え入れられようというシーンです。

　ところで日本に滞在するフランス人から、日本では家庭に招かれる機会が少ないという話を聞きます。それがちょっと寂しい気がするんだとも…。これは習慣の違いかもしれませんが、フランスではお友だちを家に招待するのがおもてなし。どんなに小さくても、「わが家」へお迎えするのが一番のおもてなしになります。

　そこで、ホームステイにかぎらず、およばれすることも多いのですが、初めてのお宅で重要なのは、visite。家の中をひととおり拝見することです。それは、ひと部屋ひと部屋通過するごとに、小さな感嘆をこめたコメントがさえずりのように交わされる瞬間です。

お客様としてよばれた場合には、拝見させていただけるといっても、勝手に戸棚を開けたりしてはいけませんし、興味があるからといって、舐めまわすように見てはお行儀が悪いし、かといって、まったく無関心でも失礼になります。そこで「ほどほどの」好奇心を働かせるのがコツ。見慣れないものがあったら、「ほう、これは何ですか？　見たことがありませんね！」と言えば、会話のきっかけにもなります。

　しかし、そのお宅にホームステイする場合には、お客様ではなく、短期間でもそこで一緒に生活するのですから、もう一歩踏み込んだ拝見の仕方になります。つまり、聞いておかないとあとで困ることもあるからです。そのお部屋はどのように使うのか、自由に入っていいのはどこまでなのか、勝手に開けてもいい扉はどれか、覚えておかないといけないこともあります。

　このシーンでは遙香はジョアナに案内してもらって、家の中を見ていきます。

Scène 3 *À la maison 1 (entrée et début de la visite)*

Ils ont garé la voiture au parking et prennent l'ascenseur.

Haruka (H) : (montrant les boutons de l'ascenseur) Qu'est-ce que c'est "RDC", ici ?

Frédéric (F) : C'est le "rez-de-chaussée", le niveau de la rue, pour entrer et sortir.

H : Ah ! Pour nous, c'est le 1 ! Alors, ici, le 1, c'est au-dessus ?

F : Oui, le 1, c'est le premier étage, il y a des appartements. Nous, on va au septième, qui est le 8e, pour toi.

Olga (O) : (sort de l'ascenseur, voit sa fille qui les attendait) Ah, Joanna, ma chérie ! Je te présente Haruka ! Haruka, ma fille Joanna, dont je t'avais parlé dans mes mails !

H : Ah oui, je me souviens. Bonjour, mademoiselle. Je suis heureuse de vous rencontrer...

Joanna (J) : Bonjour, Haruka ! Très heureuse, moi aussi. Mais appelle-moi Joanna. Et on peut se tutoyer, si tu veux...

F : (roulant la valise dans l'entrée) Avec Olga et moi aussi, si tu es d'accord. On sera comme en famille.

H : (voyant le salon) Oui, d'accord. C'est plus facile, pour moi. Quel "beau" appartement ! C'est très beau, chez vous !

F : Joanna, tu veux bien faire visiter et montrer sa chambre à Haruka ? Et on dîne, disons, dans un quart d'heure.

J : (guide Haruka dans le couloir et les pièces) OK, tu viens ?... Alors, ici, c'est le salon salle-à-manger. À côté, c'est la cuisine. Souvent, on prend le petit déjeuner ici, pour gagner du temps.

H : Ah oui, c'est grand ! Le frigo aussi, c'est très grand !

J : Et puis il y a le congélateur, comme ça, on fait des courses moins souvent.

H : (montrant la friteuse électrique) Et ça, c'est pour le riz ?

J : Non, c'est la friteuse électrique. Mais on n'a pas d'appareil pour le riz...

Expression

Rez-de-chaussée は 1 階 le premier étage は 2 階

エレベーターのボタンにある RDC。これが日本でいう、建物の 1 階に当たります。

「〜階に」という表現は、à という前置詞を使います。
「1 階に」は au rez-de-chaussée
「2 階に」は au premier étage
「3 階に」は au deuxième étage
一階ずつ日本の表現とずれていきますから、要注意です。

さて、駐車場のある地下は sous-sol
「地下 1 階に」は au premier sous-sol
「地下 2 階に」は au deuxième sous-sol
ただ単に「地下に（ある）」と場所を示したいときは en sous-sol。
エレベーターのボタンでは SS、地下 1 階、2 階…と下がっていくときは SS1, SS2…。あるいは -1, -2 と表記されている場合もあります。

nous とは誰のことか？

Pour nous, c'est le 1.
遙香が、ここで言う nous とは、日本人全体を指しています。nous をいつも「私たち」と訳して考えていると、中身が曖昧になってしまうことがあります。1 人称複数の nous は、単純に 1 人称単数 je の集合ではありません。

ここで遙香が nous と言うとき、自分もそこに含まれるひとつの集団（すなわち「日本人」）を出現させます。それと同時に、言外に、オルガやフレデリック、つまり「私たち」とは別の集団に属するひとびと（すなわち「フランス人」）を vous として区別・対立させてもいるのです。

しかしながら、次にフレデリックが Nous, on va au septième... と言うときには、この nous はそこにいる全員、「ここにいる私たち全員」を指して、オルガ、フレデリック、そして遙香が含まれます。

nous に代わる on

さて、フレデリックは、この nous をさらに on に言いかえています。このように、会話の中では「その会話の場にいる私たち全員」を指して、nous の代わりに、on で短くいう傾向があります。Nous allons... より、on を使えば、動詞も3人称の活用で済み、On va... と短くなります。

初級でも On y va.（行きましょう）という表現が出てきたと思いますが、特に aller に動詞の不定法を続け、近未来で「これからみんなで〜しましょう」と言う時には、ほとんどこの on を使います。
　　On va dîner ensemble.　　一緒に夕食を食べましょう。
　　On va sortir après.　　あとで一緒に出かけましょう。etc.

この on の使い方は「その会話の場にいる私たち」を指しますが、on がもともと「人」を曖昧に指し示す表現であるために、コンテクストによって、誰を指すのかが微妙にぼやけることもあります。それを利用して、意味に幅をもたせることも可能です。

このシーンの最後に出てくる3つの例を見ながら、on が誰を指しているのか、考えてみましょう。

ジョアナはキッチンで、遙香にこう言います。
　　Souvent, on prend le petit déjeuner ici...
この on の中身は、ルヴァスール家のみんなですから、chez nous の感覚ですね。「（私たちの家では）よくここで朝ご飯を食べるのよ」と家の習慣を説明しているのです。厳密にいうと、遙香はまだ着いたばかりでこの on には含まれていません。もちろん「あなたもこれからはそこに含まれる」ということを前提としています。

次に冷凍庫を見せながら、

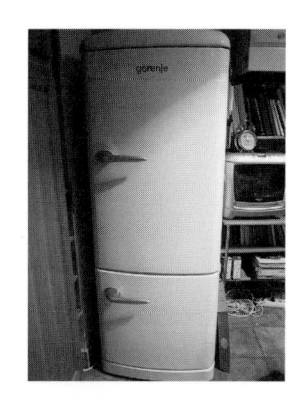

...comme ça, on fait des courses moins souvent.
（これがあるから、しょっちゅう買い物に行かなくて済むの）
つまり、ルヴァスール家では、冷凍庫のおかげで、たびたび買い物に出なくていいということですが、それはじつは一般にもいえることです。フランスでは、週末にスーパーの上を行く hypermarché でまとめてお買い物をし、家に保管する人が多いのです。ここの on はルヴァスール家のみんなを指していると同時に、ニュアンスではフランスの一般家庭の習慣にも拡大しています。

最後に、電気フライヤーを指して、炊飯器かと思った遙香に、ジョアナは「ご飯を炊く器具はないの」と言います。
...on n'a pas d'appareil pour le riz.
もちろん、「私たちの家には炊飯器がない」とルヴァスール家の状態を説明していますが、これもまた、日本では一般家庭にあるものかもしれないけれど、フランスの家庭にはないという、一般化にもなっています。

最後の二つの例は、1人称複数の「私たち」にとどまらず3人称複数の一般的な意味にもひろがりを見せている例です。

Joanna, ma chérie

日本のご家庭では子どもの名前を呼ぶのに、「〜ちゃん」とかあるいは愛称を使いますが、フランスでは、じつにさまざまな言い方をします。それも親と子どもの間だけでなく、ご夫婦や恋人同士、友人の間でも、さまざまな呼び方をして、時には動物や植物の名前で呼んだりもします。こうして相手に呼びかけることも愛情の表現です。

chéri は、所有形容詞をつけて mon chéri / ma chérie と呼ぶのが一般的です。日本語に訳すと「私の愛しい人」なんて、少し大げ

さに聞こえるかもしれませんが、およそ愛情表現に関して、フランスでは恥ずかしくなるくらい大っぴらでためらいがありません。

　ホームステイ中のみなさんもきっと、「わが子のように」愛されるにちがいありません。身体的な距離の近さも、日本にいるときとは比べものになりません。最初は抱きしめられたりして、びっくりし、引いてしまう人もいますが、ずっと一緒にいて洪水のようなこの愛情表現にさらされていると、とてつもなく幸福な気分になるようです。まるで「酔った」ように表情が変わっていくのがわかります。フランスでのホームステイはこの濃厚な愛情表現に包まれるだけでも価値があるという気がします。

　chéri の用法としては、恋人同士か、親から子どもへ呼びかけるのに使われます。子どもから親に向かっては使われません。年上から年下に愛情をこめて使われる場合もあります。

　動物や植物の名前をつけて呼ぶときには、mon loup（オオカミ）、mon lapin（ウサギ）、mon chou（キャベツ）などが古典的ですが、さらに petit をつけてそこに愛情をたっぷりこめます。mon petit loup, mon petit lapin...　petit は、「小さい」という意味でなく、むしろ愛情があふれでる「音」なのです。

　中には個性的なお母さんもいて、小さな男の子に mon petit crapaud, Crapaud! と呼びかけている人もいました。crapaud は「ヒキガエル」のことで、「ちびガキ」を指す言葉ですが、これがしっかり子どもを抱きしめたお母さんの口から出ると、crapaud という音がとてもかわいらしく聞こえてくるから不思議です。

関係代名詞 dont

　関係代名詞は、ふたつの文章をつなぐ、便利な道具です。
　オルガは遙香に娘のジョアナを紹介します。
　Haruka, ma fille Joanna, dont je t'avais parlé dans mes mails.

　ここで使われている dont は、ma fille Joanna を説明する、後

ろの文を導きます。dont は de を含む表現で、後ろの動詞 parler de...（〜について話す）の de から受けています。dont を使わずに書き直すと、

　　Je t'avais parlé de ma fille Joanna dans mes mails.

　ところで、関係代名詞でつなげられた表現があると、二つの文章の修飾関係だけをとらえて、つねに後ろから、つまり関係詞節から訳そうとする人が多く見られます。しかし、いつまでもそうするのはナンセンスで、できれば関係代名詞の前で切ってしまって、後続の関係詞節はつなぎの言葉を補いながら、独立した文のように訳出する癖をつけましょう。そのほうが自然です。

　なぜなら、言葉というのは linéaire（線のように）流れていくものだからです。外国語の勉強をするときは、どうしても書いてあるものを読んで勉強することが多いのですが、実際に使われ、話されている言葉は、線のように流れてくるものを、頭から理解していくものです。後ろから文をひっくり返すなどというのは、効率が悪いだけでなく、意味の流れを変えてしまうこともある。だから、百害あって一利なしです。明日からはあなたも頭から理解できるように、ひっくり返さない練習をしてみてください。フランス語をフランス語として理解するには必要なことで、そうすれば、今よりももっと速く、しかもずっとよく意味を把握できるようになるでしょう。

大過去形は avoir / être の時制が半過去になっていることに注目

　さて、ここで動詞が je t'avais parlé と大過去になっています。
　直説法大過去は複合過去と同じように、avoir / être と過去分詞を組み合わせてつくります。両者の違いは avoir / être の時制が現在ではなく半過去であることです。

　複合過去（avoir / être の直説法現在＋過去分詞）は過去に一回きり起きた出来事を表す用法です。この複合過去の avoir / être の時制を「現在」から「過去」に変える大過去は、複合過去で表される過去の出来事より、もうひとつ前の過去を表すといいます。

これはどういうことかというと、たとえば朝起きてから、学校に行くまでの出来事を起きた順に並べると、次のようになります。
(A) Je me suis levé à sept heures. (B) J'ai pris le petit déjeuner à sept heures et demie. (C) Je suis sorti à huit heures.
　もし時間表示がなかったとしても、経過は (A) 起床、(B) 朝食、(C) 外出の順番で起きたことが示されます。

　しかし、過去の出来事を語る場合、つねに時系列にそって並べるわけにはいきません。むしろ、出来事を起きた順番通りに並べることのほうがむずかしいでしょう。

　そこで、「もうひとつ前の過去」、大過去形の登場です。
　今、話題になっている出来事の中で、複合過去で語られている出来事より前に起きたことを示すために「印」をつけます。大過去の avoir / être を半過去形にするのはそのためです。

　ところで、このシーンの会話では、複合過去形は使われていません。にもかかわらず、オルガの parler de Joanna dans les mails という行為が大過去形で表されているのは、「ある出来事以前に」それが行われたことを強調するためです。肝心のその出来事は言葉では表現されていませんが、この場の状況から推測できます。

　それは「遙香がルヴァスール家に着いた」こと。つまり「遙香が（準備も含めて）長い時間かかって、やっとフランスに着いた」という出来事です。言わなくても、それはこの場にいる人すべてに共有されている。そこでオルガの言葉は大過去形にすることにより、「あなたがフランスへ来る前に」と言葉にすることなく過去へさかのぼり、「メールでもう何度も話している、ほら、これがその私の娘、ジョアナよ」という確認の表現にもなるのです。

　ところで、大過去の価値をよく知るのに、つぎのような例文を覚えておくと便利です。
　　Je te l'avais dit. そのことは（前にもう）、言ったじゃないか。

　これはよくけんかのときに出てくる表現です。そして、これがど

んな価値をもつかというと、複合過去と比べるとよくわかります。

　複合過去で Je te l'ai dit. と言ったら、単にそのことを「言った」という表現。その行為 (dire) の結果は現在にまだ残っている。「あら、忘れていたわ」で、取り返しがつくかもしれない。

　ところが、大過去で Je te l'avais dit. と言ってしまうと、「言った」ことはもうそれ自体、複合過去よりさらに遠い過去の出来事になり、過去のある時点に置き去りにされます。行為の結果は、現在と完全に切り離されている。したがって現在に何の影響も及ぼしていないということを強調することになります。だから、「言った」だけじゃなく、「言ったじゃないか、(にもかかわらず、こうだ)」と。

　Je te l'ai dit.（複合過去）と Je te l'avais dit.（大過去）の違いは、いずれも完了した出来事ですが、複合過去ではその行為の結果が現在まで残っている可能性をもつ (avoir / être の現在形に表れている) のに対し、大過去では、その行為の結果もすでに過去のものとなっている (avoir / être がすでに過去形になっていることに表れる) ことに由来します。Je te l'avais dit. はその違いを利用して、効果を生む表現です。

複数形も「表現」している

　さらに、ジョアナのことを遙香に何度も話したことは、dans mes mails という表現によって明らかになります。plusieurs fois という言葉を入れなくても、mail が複数になっていることで、ジョアナの話題が「何度も」オルガのメールの中に書かれていたことがわかります。しかも、それは一回のメールの中で何度も話題になったのではなく、遙香とのやり取りのなかで、複数のメールに書かれたという意味での「何度も」です。

　日本語ではわざわざ「複数のメールに書いた」とは言いません。そこで訳すときには「何度も」という言葉を補う必要がありますが、日本語表現になおすときにはあまり意識されない名詞の複数形が、このようにフランス語表現ではちゃんと意味を支えている場合も

あります。

tutoyer ou vouvoyer

　相手を tu で呼ぶか（tutoyer）、vous で呼ぶか（vouvoyer）、最大の難関です。

　初級では、複数の vous は「目上の人などに丁寧に言う場合」「敬語表現」などと習います。しかし、実際にフランス社会に入ってみると、かならずしもそうでないことに、すぐに気づくはずです。

　「え、親子なのに vouvoyer ？」「あれれ、先生なのに tutoyer してる？」「ファミリーのおばあちゃん、相当年上だけど、tu でいいの？」…。

　遙香は初めて会ったジョアナに Bonjour mademoiselle, je suis heureuse de vous rencontrer. と vous で挨拶しています。これ、教科書通り。ふつうですね。何しろ初対面ですから。しかし、じつはちょっと硬い感じもします。「あなたにお目にかかれてうれしく存じます」と日本語にしてもそうですね。

　そんな遙香にジョアナはすぐ名前で呼ぶことを提案し（Mais, appelle-moi Joanna.）、そしてお互いに tutoyer しようと言います（Et on peut se tutoyer, si tu veux...）。

　若い人どうしの間では、わざわざ提案しなくてもすぐに tutoyer してしまう場合が多いようです。ここでは遙香の挨拶がなんとなくぎこちないため、ジョアナが気をきかせて tutoyer しようと申し出ています。これで一気に遙香とジョアナの距離は近づきます。

　すると、フレデリックがすかさず、Avec Olga et moi aussi, ... と自分たちもそうしようと言います。この家族はふだんからお互いに tu で呼び合っている。だから、遙香もそうすれば、もう家族同然（On sera comme en famille.）ということです。

　しかし、家族の中にはお互いに vous で呼び合う家族もあります。

だからといって、その家族が冷たいわけではありません。

　tu で呼ぶか、vous で呼ぶかは基本的にはお互いの距離の置き方にかかわってきます。vous で呼び合って距離を置いても、愛情が薄れるわけではありません。逆に tu で呼び合っても、必ずしも親近感が伴うわけではありません。そこが tutoyer と vouvoyer のむずかしいところ。

　そして、ジョアナのように気を遣って「tutoyer しよう」と最初から申し出てくれる人ばかりではありませんから、自分で相手との距離を測っていかなければなりません。同じ年代であれば、自分から、ジョアナのように On peut se tutoyer, si tu veux ? ときいてみてもいいでしょう。

　しかし、年上や目上の人でしたら、相手が「tutoyer しよう」と言いだすまでは、慎重に vouvoyer で通したほうがいいでしょう。その距離を決めるのは、年下のあなたではないからです。人それぞれに他人との距離の取り方はちがいます。もしかしたら、その人は、他人とはある程度距離を置いているほうが気楽なのかもしれません。

　逆に、たとえ相手が申し出たからといって、先生やホストファミリーのご両親といった年上の人をいきなり tu で呼ぶことは、日本の社会コードからすると違和感を覚えるかもしれません。

　tutoyer と vouvoyer で悩んだときに必要なのは、日本社会の縦方向に序列化された関係性のコードをいったん離れて、相手を見ることです。見あげるのでも見さげるのでもなく、正面から向き合うこと。そして、どのくらいの距離を保っているとその人が心地よいと思うのか、さりげなく測ることです。

D'accord と OK

　「了解」の意味を表すのに、フランス語では d'accord。しかし、英語からきた OK もよく使います。英語からの借用語 anglicisme

は以外にも多く、week-end, mail, baby-foot, etc. ただし、発音はフランス的。つまり、なまります。どんなふうに聞こえるか？ それは会話の中で発見してのお楽しみ。フランス人は地名でもなんでもフランス語風の発音にしてしまうのが得意です。

　ところで、この d'accord と oui をくっつけて、Oui, d'accord.
　音の調子がいいので、つい使いたくなりますが、口癖になってしまうと困ります。なんでも「ハイ」というのは、決して美徳ではありません。「Oui ダコ」というタコができてしまっている人を時々見かけますが、それは避けるようにしましょう。

Tu veux bien...? 人に頼むにもいろいろある

　フレデリックが遙香に家の中を見せてあげるようにジョアナに頼むとき、Tu veux bien...? という表現が使われています。これは婉曲にものを頼む表現です。

　フランスの家庭では一般に、ある程度ものがわかる年齢に達した子どもに対しては、上から押しつけるような命令の仕方はしません。子どもたちにも都合があり、non と言える余地が残されています。じっさいに、都合が合わなければ non と言ってかまわないのです。

　動詞には命令法がありますが、命令法を使わずに人に何かをするよう促す表現もたくさんあります。たとえば、「明日、もう一度来てほしい」と言うときに、ざっと考えられるのは、次のような表現です。直説法現在、単純未来は、疑問文にするとさらに優しい言い方になります。それは選択の余地を増やし、相手が non と言える可能性を広げるからですね。
　Tu reviens demain (?).
　Tu reviendras demain (?).
　Tu peux revenir demain ?
　Tu veux bien revenir demain ?

bien の不思議

　Tu veux bien...？という表現に含まれる bien はじつに不思議な副詞です。本来は動詞の行為を強める作用をするはずですが、一緒に使われる動詞によっては逆にニュアンスをやわらげることになります。

　Tu veux bien...？に使われている動詞 vouloir は「～がほしい」という、そのまま言うと直接的すぎる表現です。そこで Je veux... より、Je voudrais... という条件法を使うほうがいいと、初級で習ったと思います。しかし、bien をつけることにより、vouloir の表現をやわらげることができます。

　たとえば、Voulez-vous un petit café ？/ Tu veux un petit café ？（コーヒーをいかがですか？）と勧められたとき、すでにコーヒーが準備されているような状況（家とかレストラン）でしたら、Je veux bien. と答えます。

　その質問が「あなたがコーヒーを飲みたいとお考えなら、カフェを探しましょう」という含みをもつようなら（たとえば、キャンパス内や町中にいるとき）、「できれば、そうしたい」という意味で、Je voudrais bien. と答えるのが自然です。Je le veux！と叫んだら、子どもみたいですね！

　aimer も bien と組み合わせると意味の深さが変化します。
　たとえば J'aime le gâteau au chocolat. は、比較の対象を寄せつけません。絶対的に好きなのです。しかし、J'aime bien le gâteau au chocolat. だと、他にも好きなお菓子はあるわけです。

　aimer と aimer bien の差は人を対象にするともっとはっきりします。aimer だけなら心底、愛している。aimer bien なら、もっと軽く、深刻にはなりません。

　aimer と aimer bien が程度の差はあれ「好き」の絶対評価なら、J'aimerais bien. はまったく異なる使い方になります。

On va au cinéma ce soir? — J'aimerais bien!
今晩、映画に行こうか？ （行かれるなら）いいね、行きたいね。

ここでは J'aime bien. とは答えられません。この答え方が可能なのは、「映画が好きか嫌いか」聞かれた場合（Est-ce que tu aimes le cinéma ?）で、Oui, j'aime bien. あるいは Non, je préfère le théâtre. など、oui か non の絶対的な評価になります。

✈✈✈ 出発前のおさらい ✈✈✈

✔ 数字につづいて序数を覚えておこう

建物の階を表すために必要な -ème で終わる表現は、**序数**といって、「〜番目の」を表します。

・**序数は「1 番目」だけが例外です。**

   1 premier   女性形は première（省略形は 1er, 1ère）
   2 deux   deuxième   （省略形は 2ème）
   3 trois   troisième   （省略形は 3ème　以下、同じ）
   ...
  10 dix   dixième
  11 onze   onzième
   ...
  20 vingt   vingtième
  21 vingt et un vingt-et-unième

・**「二番目」は二種類ある。**

「二番目の」を表す形は二つあり second(e)（省略形は $2^{nd(e)}$）も使われます。この発音は注意が必要で、c の音が [g] に変化し、[s(ə-)gɔ̃] [s(ə-)gɔ̃d] となります。

second(e) が用いられるのは、原則的には 1 番目、2 番目までしかなく、3 番目はないと考えられるときです。

たとえば

  La Première Guerre mondiale　第一次世界大戦
  La Seconde Guerre mondiale　第二次世界大戦

もし第三次世界大戦が起きれば、第二次世界大戦は次のように言いかえなければならないでしょう。

  La Deuxième Guerre mondiale

✔ 関係代名詞の種類を見直そう

本文に出てきた dont のほかにも、関係代名詞は何種類かあります。de を含むという意味で、この dont が一番むずかしく見えるかもしれませんが、これを理解するコツも、ひっくり返さないことです。

そのほかの関係代名詞としては、形の変化がないもの qui, que, dont, où, quoi の例文をまずおさらいしておきましょう。

Anne a une amie japonaise, avec **qui** elle va voyager à Kyoto.
アンヌには日本人の女の子の友達がいて、その子と京都を旅行するんだって。
N'oublie pas le document **que** tu dois déposer ce matin à l'administration.
書類を忘れないようにね、今朝、事務室に提出しないといけないんでしょ。
Fais une liste de ce **dont** tu as besoin.
必要なもののリストを作ってごらんよ。
Vous connaissez le bâtiment **où** se trouve la Poste ?
郵便局が入っている建物を知っていますか？
C'est ce à **quoi** je pense.　それこそが、私の考えていることです。

同時に、その先行詞となりうる代名詞 ce, celui, celle, ceux と組み合わせた使い方も見ておくといいでしょう。たとえば、
Je n'ai pas très bien compris **ce qu'**il a dit.
僕は彼が言ったことをあまりよく理解できなかった。
Est-ce que tu connais **celui qui** parle avec Monsieur Dupont ?
デュポンさんと話しているあの人を知っていますか？

✔ 複合過去をしっかりおさらい

初級でも、かならず直説法複合過去までは勉強しているはずです。初級では各課ごとに学習する内容があり、他のページで習ったこととリンクしていく時間がないのですが、中級に行く段階で、体系化していく必要があります。それはどういうことかというと、ばらばらに習ったことを、今度は関連づけていくのです。

たとえば、複合過去は最初に習う「過去時制」です。しかし、これは単体で価値をもつものではありません。直説法現在で語られる「今、ここで起きている」出来事に対比して、時間をさかのぼって過去に起きたことを述べる基本的な表現です。つまり「今、ここ」に話している人がいる。そこに「現在」があって、その時点から見て「以前に起きたこと」なのです。

そして、この過去時制は、「一回だけ起きた出来事で、行為は完

了している」とみなされることを表現するのに使われます。その行為の続いている時間は問題にしませんから、「昨日は朝ご飯を7時に食べた」ことも、600年前に100年続いた「戦争があった」ことも、完結したひとつの出来事として、複合過去で言うことができるのです。

　Expression でも少し触れましたが、起きた出来事を時系列にそって起きた順番に並べていけば、最初に書いたことよりも、後ろに書いたことのほうが新しい出来事であることがわかります。言いかえれば、宇宙の始まりビッグバンから起きた出来事を順番に複合過去で書いていけば、現在に至るまでの年表ができるわけです。

　複合過去は avoir / être の直説法現在と動詞の過去分詞を組み合わせてつくります。

複合過去：主語 + avoir / être の直説法現在 + 動詞の過去分詞

　複合過去で語られる過去の出来事の中で、特に時間差をつけて、それがもっと前に起きたことを示したいときは、Expression で説明したように、avoir / être の時制を現在から半過去に変えます。これが大過去。そして、この時制の変化が目印です。

大過去：主語 + avoir / être の直説法半過去 + 動詞の過去分詞

　さて、複合過去で avoir を使うときと、être を使うときの違いは覚えていますか？
　être を使うときには、主語と動詞の過去分詞が性・数の一致をしなければなりません。

> **練習**　それでは複合過去形にするときに être を使う動詞を挙げてみましょう。

> 答え
>
> 1. 以下の自動詞は être を使います。
>   aller / venir, monter / descendre, arriver / partir, entrer / sortir, naître / mourir, rester
>   これらの動詞の共通点は「移動」を表すこと。上下、左右、ある点を境に行ったり、来たり…。生死もあの世とこの世の行き来であり、そこにとどまるのも「移動しない」という選択です。
>
> 2. もうひとつ忘れてならないのは、代名動詞。
>   D'habitude, je me couche assez tôt. Mais, hier soir, je me suis couché(e) très tard, à cause de la soirée qui avait continué jusqu'à deux heures du matin!
>   話し手は「いつもは、かなり早くに寝るのだ」と言っています。しかし、「昨日の夜にかぎっては、すごく遅い時間に寝た」のですね。理由は「パーティーがあって、それが朝の2時までつづいていた」からですね。

代名動詞の複合過去の場合、性・数の一致は se で表される再帰代名詞が動詞の直接目的語になっているときにかぎられます。

✔ 命令法のおさらいをかねて、直説法現在を見なおそう

命令法は、直説法・現在の1人称複数、2人称単数・複数の形を用います。形の変化があるのは、er 動詞と aller の2人称単数。語末の s を落としますが、音は変化しません。

命令法は、テーブルで Passe-moi le sel.（塩をとって）など日常的によく使います。

すべての動詞の活用の基本は直説法・現在です。命令法と一緒に、機会があるごとに直説法・現在の活用を見なおしておきましょう。

Révision

序数 [prononciation / articulation]
関係代名詞 [pronoms relatifs]
複合過去形 [passé composé]
命令法 [impératif]
直説法・現在 [indicatif présent]

④ 家に着いて2【寝室と家の中の設備】

　ジョアナの案内で遙香は自分の使うことになる部屋を見せてもらいます。これから数週間使うことになるのですから、いろいろと細かな点も聞いておかなければなりません。部屋に備わっている机や戸棚、コンセントなどの単語と一緒に、語彙の増やし方、言葉の niveau の問題にもふれます。このシーンの Expression の記述は読み応えありますよ！

Situation

　ホームステイ先で独立した一部屋が確保されることは必須条件です。友人としてフランス人の家に泊めてもらう場合には、独立した部屋ではなく、居間のソファーや大きなベッドで一緒にということもありますが、広さに余裕のある家では、日本の「客間」に相当する chambre d'ami が用意されていることもあります。

　いずれにしても、家の中の設備を一緒に使わせてもらうことになります。自分のほかにもそれを使う人がいるということを忘れないようにしたいものです。たとえばお風呂や洗面台を使ったあとなどは、髪の毛などがあちこちにくっついてないか、出る時にちょっと点検して、あとから使う人が気持ちよく使えるように心がけましょう。

　家全体のお掃除には、週に1度か2度、femme de ménage と呼ばれる家政婦さんを雇っている家庭も少なくありません。けれど

も、何かひっくり返してこぼしてしまったりしたときには、まず自分から、掃除機 aspirateur を借りる、箒 balai を借りる、雑巾 chiffon やバケツ seau を借りるなど、行動しましょう。とっさに単語が出てこなくても、「状況」と「身振り」があなたの強い味方になってくれます。

ところで、「誰かとものを共有すること」をフランス語では partager という言葉で表現します。辞書では「分割する」「共有する」とだいたい二つの意味に分けて説明しているようです。しかし、フランス語の partager のニュアンスはもう少し複雑です。

たとえば On va partager. は、「割り勘にしよう」とふつう訳されますが、かならずしもそれは「均等に分ける」ことを意味するものではありません。お財布の具合によっては負担する割合が異なることもあります。相手の負担を思いやって、自分も「負担しよう」という申し出にもなる。それが partager です。

自分が持っているものを partager する場合には、相手にそれを「提供する」という意味にもなります。たとえば、旅先で友人の家に泊まるということがフランスではごく自然に行われます。なぜかというと、自分の持っているものを誰かの役に立ててもらうのは、とても嬉しいことなんです。何だか不思議にわくわくすること…。それが partager する最大の理由。負担と喜びを同時に共有すること。それが On va partager. ホームステイは、家族の中でこの partager を学ぶことからスタートします。

Scène 4 *À la maison 2 (chambre, commodités)*

Joanna (J) : (qui fait visiter l'appartement à Haruka) Tu viens voir les chambres ? Ici, c'est la tienne.

Haruka (H) : Oh, c'est grand ! Et le lit aussi ! Où est-ce que je peux poser mes affaires ?

J : Où tu veux... tu es chez toi, maintenant. Ici, tu as une commode et une penderie, pour ranger tes vêtements.

H : Oh, c'est pratique ! Mais je n'ai pas beaucoup de choses.

J : Là, tu as une petite télé, avec sa télécommande et... Ah oui, ici, le câble pour brancher ton ordinateur à l'internet. Et le bureau, bien sûr. Tu peux utiliser tous les tiroirs.

H : Merci. C'est super ! Et où est-ce que je peux avoir l'électricité pour l'ordinateur ?

J : Il y a des prises sous le bureau et derrière le lit. Mais... tu as un adaptateur ? Ça marche sur le 220, ton ordinateur ?

H : Oui, bien sûr. J'ai vérifié avant. J'ai tout ce qu'il faut.

J : (passe devant les autres chambres) Ici, c'est ma chambre, et celle des parents. Et ici, la salle de bains. On va te faire un peu de place. Et à côté, les toilettes, mais pas de... siège électrique.

H : Qu'est-ce que c'est "siéjélektrik" ? (Puis, comprenant le geste de petit jet d'eau.) Ah, "washlet" ! Il n'y a pas, en France ?

J : Non, il n'y en a pas. Ou très peu. Les Français ne connaissent pas ça.

H : Quand même, c'est pratique, je crois. Mais pas de problème, comme il y a du papier-toilette...

J : Oui, la réserve de PQ est dans ce placard. Et tu sais ? À la gare, dans les magasins, il n'y a pas toujours des toilettes. Et encore moins de papier. Alors mets-en toujours dans ton sac !

H : Ah, merci du conseil. Et j'ai lu dans le guide qu'il faut payer pour les toilettes. C'est vrai ?

J : Oui, et malgré ça, ce n'est pas souvent propre... (Montrant une autre porte.) Ah ! Là, c'est l'escalier de service. On t'en donnera aussi une clé. C'est pratique si tu veux rentrer tard.

Expression

commodité：あるいは語彙を増やすこと

commodité という名詞には二通りの使い方があります。いずれも日本語の「便利」に近いのですが、単数と複数では指し示すものが少し違います。単数では

Qualité d'une chose qui satisfait pleinement aux services qu'on en attend.（『*TLF*辞典』）

あるものの長所となる性質で、それは人がそこに期待する用途に十分に応えるものである。

la commodité de... で、de にとって「便利なこと」「都合がいい」「適している」などの意味になります。結果的にそれは「容易さ」をもたらし「快適なもの」となります。

これが複数 les commodités になると、「便利であるがゆえに快いもの」として、richesse, biens, fortune, agrément, confort, aises などに言いかえられ、より具体的なものになります。とりわけ日常では「家の中にあって、生活をより快適にする設備」を指します。

Scène 4 の副題の commodités は、この「設備」を集合的に表しています。設備にはそれぞれ個別の名称がありますから、この commodités という表現は、カテゴリーとしてそうした設備全体を指し示すわけです。

フランス語学習も中級からその先になると、どんどん語彙を増やしていかなければなりません。単語帳を作って、むりやり頭に詰めこむ？　おっ、とっ、とっ、もう、中学生ではないでしょう…？　一度にいくら詰めこんでも、使わなければ、結局、忘れる量のほうが多くなってしまいます。ではどうしたらいいか？　それにはちょっとしたコツが必要です。

大人の暗記法：それはリンクづけ！

　フランス語と日本語を「commodité＝便利」というように一対一対応で丸暗記するのではなく、意味のひろがりや使われ方、その単語の歴史や隣接する言葉あるいは反対語と関連づけて覚えていきます。

　ひとつひとつの単語を独立して記憶するのではなく、関連性と一緒にグループで覚えていく。そして、そこから別のグループにリンクさせる (facilité / difficulté, confort / inconfort...)。すると、ひとつの単語から、網の目のよう言葉が広がっていきます。この網の目 réseau がこぼれ落ちる記憶を支えるセーフティーネットになります。

　たとえば複数の les commodités は「家を便利で快適にする設備全体」です。今度はそれを具体的な個々の設備でイメージしてみましょう。家に必要な設備といったら、電気・ガス・水道。あ、これをフランス語では、l'eau, le gaz, l'électricité の順になります。今やそれに加えてインターネット l'Internet が日常に不可欠な設備と言えるでしょう。

　これらの「取り入れ口」を日本語では「電気のコンセント」「ガス栓」「水道」「ネットの配線」、そのほかにも家にあるものとしては「テレビのアンテナ」や「電話の配線」など、用途に合わせていろいろな名前で呼びます。この中で、一度「開栓」するとそのままになるガスと水道は l'arrivée d'eau / l'arrivée de gaz が使われるのがふつうで、日常、頻繁に着脱する電気のコンセントのような取り口を指すときは la prise を使います (la prise éléctrique / la prise Internet / la prise télé / la prise téléphone)。そこへつなぐために le câble があり、さらにそこへつなげることは brancher。どうですか？　リンクづけは必然に基づいて広げていくと意外に簡単でしょう？

　こうしたリンクづけは、和仏辞典や仏和辞典に頼っていてはだめで、フランス語でフランス語を解説している仏仏辞書を「読む」必要があります。

だから仏仏辞書を引こう

　とはいえ、分厚い Robert や Larousse を持って歩くなんて不便。まして飛行機に持って乗るなんて、無理。重量オーバー確実…。どうしたらいいの？

　次の URL をのぞいてみてください。LEXILOGOS のフランス語辞書のページには、古フランス語から百科事典にいたるまでさまざまなフランス語辞書が検索できます。これなら分厚い辞書を持って歩く必要はありません。

　http://www.lexilogos.com/francais_langue_dictionnaires.htm

　「辞書を読む」のは表現の勉強にもなり仏作文を上達させる近道です。LEXILOGOS ならネットにつながるところなら、どこからでも見られるので、ぜひ試してみてください。

　それから、言葉で表現されていてもイメージしにくいもの、たとえば動物や植物の名前などは、Google の画像検索をお勧めします。百聞は一見にしかず。見れば、なあんだ！ということも。建築用語でも家電製品でもなんでも「ググ」ってしまいましょう。知っていると思った単語でも、「意外」な発見があるものです。そうそう、ググるときは、ぜひお友だちとご一緒に。そのほうが楽しいし、楽しかったことは後になっても絶対忘れません。

　このシーンでは会話に出てくる単語や表現を拾いながら la commodité de votre conversation を高めるために、語彙を増やす練習をしていきます。

「部屋」と一口にいっても、chambre ってどんな部屋？

　Il y a combien de chambres chez vous ? ときかれたら、質問の chambre はベッドのある部屋、つまり、もっぱら寝室として使われる部屋のことなのですから、もしも 7 chambres と言ったら、それはたいへんな豪邸に住んでいることになってしまいます。

単に「部屋」という時は pièce という単語を使いましょう。

ジョアナが、Tu viens voir les chambres ? と遙香にきいているのは、家族それぞれの個室の位置関係を見せるためです。

ここで遙香のために用意された寝室 une chambre が la tienne と所有代名詞を使った表現になっているところに注意しましょう。3人称で練習してみます。

une chambre → la chambre de Haruka → sa chambre
→ la sienne

Où est-ce que je peux poser mes affaires ?

名詞の affaire を仏和辞書で引くと、ものものしい日本語が並んでいます。ざっと見ても「事項」「問題」「用件」「厄介事」「面倒」「取引」「事業」さらに「社会的事件」「犯罪事件」なんてのもあります。熟語では、homme (femme) d'affaires で「実業家」など (『プチ・ロワイヤル仏和辞典』)。affaire というのは、なにやらいかめしい単語のようです。

しかし、affaire にはもっと身近な意味もあります。遙香のいう mes affaires は「私の身の回りの品」。「といっても、いろいろあるのですが」という感じが複数に表れていて、遙香の期待と一緒に、日常に必要なものが鞄の中からいっぱい出てきそうですね。これをどこかに置くときには poser (mettre) という動詞と組み合わせます。

極秘ですが…：○▲と merde は使いよう

ここで教科書では絶対に書かれていない禁断の表現をひとつ…。affaire を merde に置きかえたこんな表現もあります。

Range tes merdes qui sont sur la table, pour qu'on puisse dîner.

えっええ !? merde って、あの merde ぅ〜 !?　そうです。パリの道によく落ちているアレ。使ってはいけない言葉の筆頭。「く○」。

学校の授業では禁句。ステイ先も同様…。しかし、実際には、よく耳にする…。となると、ちょっと知っておかねばなりません。言葉には使われる場所や相手によっていろいろな niveau（レベル）があるのです。

例文の tes merdes は、tes affaires と同じように「所持品」を指します。tes affaires を使った場合は「テーブルの上にあるあなたのものを片づけなさい、夕食の支度をするからね」。これが tes merdes では「テーブルの上のあんたのもの、さっさと片づけてよね、夕ごはんなんだからさ！」となるわけです。だいぶ違います…。

これは言葉の niveau に違いがあり、わざと tes merdes ということによって、話し手は相手の所持品に一方的な評価を押しつけているわけです。たとえそれが買ったばかりの新品の iPhone だろうと…、私には merde だわよ…。邪魔なんだし…。

もちろん、見ず知らずの人にこんなこと言われたら傷つきます。でも家族とかすごく親しい友だちどうしなら、言われたほうも Eh, oh ! Ce (ne) sont pas des merdes ! Oh ! とやり返し、言ったほうも Désolé ! と意に介さない。それは他人の判断にすぎないということです。

merde という言葉は感情表現としてもよく使われます。Oh, merde ! （ああ、なんてこった！）。もう一段階 niveau を下げて Oh, putain ! さらに Oh, putain de merde ! と、どんどん下がっていきます。使う言葉が過激になるにつれて、驚き、怒り、失望が強くなっていきます。putain の意味はあとで各自に辞書で確認していただくとして、実際には辞書に書かれている意味より、ほとんど上記の感情表現として使われるのです。そしてこれが意外に頻繁に耳に入ってくる…。行く前に、フランス映画の会話をきいてみましょう。

さて、この merde、「げんかつぎ」に使われることもあります。Merde, merde, merde... と試験前などに、何度も人に言ってもらうと「運」がつくといわれます。

ただし！　くれぐれも、これらの表現は時と場所をわきまえて使うように。教室やステイ先では絶対だめですよ。人が使うのをきいて、どういう時に言っているのか状況を見きわめる。そして、言う時はこそっと、そうですね、最初は友だちどうしでいるときに使ってみましょうか。まわりが、びっくりするか、大笑いするか…。絶妙のタイミングで言えたなら、あなたは立派なフランス語マスターです。Merde, alors !

Tu es chez toi.

　フランス語の前置詞で、一番多く使われるのは、間違いなく à と de。初級の最初から出てきます。冠詞との縮約形もあります。それにつづいて早い時期に登場する前置詞に chez があります。

　これが意外に曲者のようで、中級になってもなかなかピンとこない。少しおさらいしてみましょう。chez は、たとえば次のような構文で人称代名詞の強勢形と一緒に初級で登場します。

　　Tu viens **chez** moi?　　うちに来る？

　この場合は chez moi = à la maison の意味になります。そこで練習問題ではたいてい toi, lui, elle, nous, vous, eux, elles と強勢形を順に入れ替えていき「君の家」「彼の家」「彼女の家」…と覚えていきます。しかし、どうやらこのとき、問題が生じるようです。
　まず強勢形という英語ではなかった人称代名詞の変化と組み合わさっている。それに、maison という名詞が入っているわけでもないのに、「〜の家」と訳さなくてはならない。そこで、次のような表現が出てくると違和感が…。

　　Je l'ai acheté **chez** Hermès.　　私、コレをエルメスで買ったの。
　　C'est la nouveauté de **chez** Chanel.　　これはシャネルの新作です。

　「エルメスの家で？」「シャネルの家の…？」「それに chez Chanel の前のこの de、ていうか、前置詞 de のあとにくっついてる chez ってのが、そもそも変!?」ということになるようです。この二つの例文はまだ建物として「家」状のもの、「ブティック」を思い浮かべることでなんとか納得できますが、しかし、次のような

場合はどうでしょう？

Chez nous, en Bourgogne, on fait du très bon vin.
私たちのところでは、つまりブルゴーニュでは、とてもよいワインができます。

ここの chez nous は、「家」が建物ばかりでなくその中にある「家族」のような集団を指すのに似ていて、特定の「集団」を指し示し、その内部で何かが起きることを示します。chez nous がしばしば話し手の属する国や民族、文化的共同体、宗教的共同体などを指すのは、この用法によるものです。

また、作家の名前を持ってきて、chez Balzac, chez Proust, chez Picasso, chez Murakami といったら、その作家の描く世界、具体的には全作品の内容を集合的に指すことになります。

さて、ここでは遙香の Où est-ce que je peux poser mes affaires ? という質問に、ジョアナは Où tu veux... tu es chez toi, maintenant. と答えています。ここで言う chez toi は「この家がもうあなたの家である」という意味であるのと同時に、より具体的にはジョアナが遙香を案内してきた部屋で、そこはもう遙香の自由にしていい空間（ta chambre = chez toi）だという表現になります。chez とは建物としての家だけでなく、後ろに来る名詞や人の支配しうる範囲を指しているのです。

フランス的省略の法則

Là, tu as une petite télé の télé とは télévision のこと。つづけて出てくる télécommande にも入っているように、本来 télé- は「遠く離れている」ことを表す接頭辞です。téléscope（望遠鏡）、téléphone（電話）、télécopie（ファックス）、télécharger（ダウンロードする）、télépathie（テレパシー）etc.

télévision は毎日使うもので、これじゃ長ったらしいと短く télé と呼ばれるようになりました。家電製品は日常的に使うものですから、特にこの傾向があり、典型的なのは冷蔵庫の frigo。ものを冷やすのに氷を使っていた昔からある言葉 réfrigérateur ではいかに

も長すぎる。電気冷蔵庫が 20 世紀に発明され、ゼネラルモータース社が商標として frigidaire という名前を使いだしてから、「冷たい」「凍りついた」を意味する frigorifique, frigorifié にも通じる frigo という愛称が使われ始めます。

　ところで日本語で長い表現を省略するには、大きく分けてふたつの方法があります。最初の部分だけで後ろを省略する方法（エコロジー→エコ、コンビニエンスストア→コンビニ）と、中間を省略する方法（家庭教師→カテキョウ、パーソナル・コンピューター→パソコン）。フランスではどちらかというと télévision → télé のように単語の後ろを略するのが好まれるようです。

　後半省略型ではたとえば、professeur → prof（先生）、faculté → fac（学部）、baccalauréat → bac（バカロレア試験）、mathématiques → maths（数学）、Sécurité sociale → Sécu（社会保障）。合体型では restaurant universitaire → resto U（学食）などがあります。

　このシーンの会話に出てくる PQ は合体型の変形。トイレット・ペーパーは遙香の言うように papier-toilette がふつうで、ジョアナの言う PQ はちょっと「はしたない」表現。papier cul の略語です。

　ちなみにマクドナルド McDonald's はフランスでは McDo が一般的。関東ではマック、関西ではマクドと略されるらしいので、関西文化圏の人はフランス人の感覚に近いのかも…。

　ほかにも省略の仕方として、「ここでは～してください」という張り紙の最後にある S.V.P. は S'il vous plaît. の略です。似たようにアルファベットで作られる略号に C.V.（履歴書）がありますが、こちらはラテン語の *curriculum vitae* の略。

　注意が必要なのは、日本では一般に英語の略語で知られている単語。統辞法のちがいからディオキシリボ核酸 DNA はフランス語では ADN（acide désoxyribonucléique）、AIDS は日本のメディアではウイルスの名称の略語 HIV で呼ばれることが多いですが、フランスでは SIDA（Syndrome d'immunodéficience acquise）、

国連 UN は ONU（L'Organisation des Nations unies）、欧州連合 EU は UE（Union européenne）となります。とっさに言われると、ちょっと困りますね。

salle de bains では何をするか

chambre がベッドのある部屋で、その他は pièce。しかし、それぞれの pièce は用途に合わせて名称があります。たとえばお風呂のある部屋は la salle de bains（bain は単数の場合もあります。浴槽は la baignoire）。さて、そこにあると思われるものをリストにしてみましょう。

まず、石鹸、シャンプー、リンス、水道の蛇口、お湯、タオル…

今度はそれぞれフランス語でなんというか、探してみてください。（le savon, le shampooing, l'après-shampooing, le robinet, l'eau chaude, la serviette...）

さて、それでは次に、浴室では何をするか、動作を考えてみましょう。まず、お風呂に入る、あるいはシャワーを浴びる、体を洗う、髪を洗う、体をふく、髪を乾かす…。それだけでなく、ゆっくりくつろげる場所でもありますね。

次にそれぞれの動作を表現する動詞を探しましょう。
「お風呂に入る」も「シャワーを浴びる」も同じ動詞 prendre を使います。動詞が見つかったら、je を主語にして言ってみましょう。
Je vais prendre un bain / une douche.
お風呂に入ります／シャワーを浴びます。

「体を洗う」と「髪を洗う」は laver（洗う）という動詞を使いますが、代名動詞の se laver の形で使います。ここに出てくる再帰代名詞 se の役割は、「洗う」という行為が主語（自分）に戻ってくるということを示しています。したがって、主語と再帰代名詞の人称は一致しなければなりません。この動詞も je を主語にして言ってみます。

Je vais me laver.　体を洗う。

　se laver だけだと、体の全体を洗うという意味になりますが、日本語でも「体を洗う」という表現より、「お風呂に入る」「シャワーをする」というほうが一般的だと思います。フランス語でも、同じ意味でよく使われるのは先に説明した prendre un bain あるいは prendre une douche のほうです。

　むしろ se laver のあとに体の部分（顔 le visage、髪 les cheveux、手 les mains、歯 les dents など）をつづける表現のほうが、よく使われます。これも je を主語にして言ってみます。
　Je vais me laver [le visage / les cheveux / les mains / les dents].
　　私は［髪／手／顔／歯］を洗う（磨く）。

　ここで注意することは、「体の部分を表すときには定冠詞を忘れない」ことです。うっかりと mes cheveux（私の髪）、ma main（私の手）などと（しかも main を単数で！）言ってしまうと、それは体から離れたものを洗っているような奇妙な印象を与えます。想像するとコワイ…。あくまでも、体にくっついているものなら、定冠詞です。

　そのほかにも「体をふく」s'essuyer、「髪を乾かす」se sécher les cheveux、「くつろぐ」se détendre などの表現は se laver の応用でできますから、je を主語にして言ってみましょう。
　Je m'essuie.
　Je me sèche les cheveux.
　Je me détends.

　salle de bains に関連する動作は、自分の身体にかかわることが多いので、代名動詞がたくさん使われます。しかも、基本的な再帰的用法。これをきっかけに代名動詞の４つの用法（再帰的、相互的、受動的、本来的）のおさらいをしておきましょう。

On va te faire un peu de place.

　人称代名詞がふたつ on と te。それぞれが何を指すのかを考えて

みましょう。

　まず、この on はすでに出てきましたが、ここでも行為者を漠然と表しています。誰がということがはっきりとしませんが、ここでは浴室に「遙香のものを置くためのスペース」をあけることを話していますから、誰でもいいわけでなく、ルヴァスール家の人々です。強いて言いかえるなら nous。でもはっきりしないこの曖昧さが、nous を使った場合の硬さを和らげています。

　faire un peu de place は faire de la place（場所をあける）という表現の変形。もともとの表現も部分冠詞で、具体的かつ一定量の空間をイメージさせますが、この部分冠詞を un peu de（少し）と言いかえることによって、そこはもういっぱいだけど、なんとか遙香のために場所をつくろうという気持ちが現れます。それをもっとよく表しているのが、じつは te です。この人称代名詞がなくてもこの表現は成立します。On va faire un peu de place. けれども、ここに te を入れることにより、「あなたのために」という思いやりのこめられた表現になっているのですね。

　文法的に言うとこの te は間接目的語。言いかえるなら pour toi になります。

　次の文章も、間接目的語が思いやりや愛情の表現になっています。
Je vais te préparer un gâteau.
あなたのためにお菓子を作るわね。
Est-ce que je vais vous faire du café ?
コーヒーを入れましょうか？

Les Français ne connaissent pas ça.

　直訳すると「全フランス人はそれを知らない」。これって、「日本語として、どうよ？」という感じですね。間違いではありませんが…。そう、確かに間違いではないのですが、日本語の文としては「不自然」なのです。ひとつひとつの単語の意味としては正しいのですが、最終的に仕上がったものを見ると、ネイティヴなら「？」と首をかしげてしまう。そういうことが仏作文ではよく起きています。辞書で引いた単語を全部、文法の規則通りにつなげても、「フ

ランス語の文章としては、どうよ？」というわけです。

　実験的にこの部分の日本語訳（「フランス人はそういうものがあるってことを知らないのよ」）を別の言い方に直してみましょう。たとえば「フランスではそれは普及していない」。それほど不自然ではありませんね。大学生くらいの人だったら、日常的に言うでしょう。「日本ではまだ食器洗い機は普及していません」とか「携帯電話の普及は」とか。では、今度はこれをフランス語に訳してみましょう。

　「普及」を和仏辞書で引いてみると diffusion, généralisation, propagation, universalisation, vulgarisation などが候補に挙がっています（『プチ・ロワイヤル和仏辞典』）。けれども、これらのフランス語でジョアナが遙香に言おうとしていることを表現すると、たぶん政府の「経済白書」のようになってしまうでしょう。「普及」という言葉は日本語でふだん使っているはずの言葉なのにどうしてなのでしょうか？

　言葉は辞書を介して、日本語からフランス語へ横滑りするようにはいかないのです。ここでの問題は「普及」という日本語と同等の価値をもつこれらのフランス語が、日本語の「普及」と違って、ジョアナと遙香のあいだの日常会話としては違和感を生むところにあります。言いかえると、これらの単語の niveau が使う場面に合っていないのです。

　使われる言葉が場面や状況だけでなく、文章に使われているほかの単語とも調和していないと、できあがった文は何だかへんてこなパッチワークのようになってしまいます（面白みを出したりするために、わざとちぐはぐにするのは、表現のテクニックですが、それは上級テクニックです）。

　では、この niveau の問題に慣れないうちは、どうしたらいいのでしょうか？　それはもとの日本語表現にこだわらずに、「伝えたいことは何か」を考えることです。ここでは「フランスでは普及していない」というのはどういうことなのか、もう一度考えてみる。

「日本では携帯電話は普及している」といったら、それは「みんなが持っている」ということです。「ウオシュレットがフランスでは普及していない」ということは、「フランスではみんなが持っているわけではない」ということになります。これなら avoir を使って言えますね。

　　Les Français n'ont pas ça.

しかし、「普及」という意味に近く、もう少し上の niveau に être répandu という表現があります。しかし、この表現を使った場合には、構文をすっかり変える必要が出てきます。さらに pas du tout という否定の強調も入ったほうがしっくりくるでしょう。

　　En France, ça n'est pas du tout répandu.

意味するところはほぼ同じなのですが、ふたつを比べるとまったく異なる文章になっていますね。この会話のもともとの表現 Les Français ne connaissent pas ça. とも違います。それが表現の面白さ。大事なのは、伝えたい内容と表現は一対一ではないということ。いろいろな言い方が可能なのですから、むしろ自由に表現の違いを味わってみることです。

フランスのトイレ事情

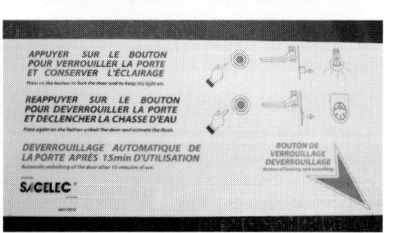

フランスの家庭でウオシュレットを見ることはほとんどないのですが、それだけでなく、公共の場ではトイレそのものが日本のように設備されていません。驚き!?　かのヴェルサイユ宮殿にもトイレが設置されていなかった（今も、数は少ない）というのですから、伝統的にそこにはあまり力を入れていないのでしょうか…。

トイレの絶対数がないのです…。そこでカフェなどを利用するのですが、Et j'ai lu dans le guide qu'il faut payer pour les toilettes. C'est vrai ? と遙香がきいているように、いつも無料

というわけにはいきません。

　カフェではだいたい地下にトイレがありますが、入るのに専用のコイン（jeton）が必要であったり、扉に直接お金を入れるようになっていることもあります。

　駅やカフェのトイレでは、しばらく姿を消していた dame pipi、つまりその場所を清潔に保つ番人をしている女の人がまた復活しているようです。こうした人のいるトイレは、入るときに最低でも 50 ～ 60 サンチーム払わなければなりませんが、それだけの価値があり、掃除も行き届いていて安心です。dame pipi がいたら、黙ってお金を払って入るのではなく Bonjour, madame. と一声かけるのを忘れずに。

　公共のトイレはペーパーも置いていないことが多いので、バッグの中にはいつも入れておくようにと、ジョアナは遙香に忠告します。
　Alors mets-en toujours dans ton sac.

　ここでは中性代名詞 en が du papier-toilette の代わりに使われています。Il y a... という表現と組み合わせた en の使い方は、すでに見ましたが、この会話では命令法との組み合わせになっています。中性代名詞 en の位置に注意しましょう。

...il n'y a pas toujours des toilettes

　ところで、「トイレがいつもあるわけではない」というこの表現。なんだか少し変じゃありませんか？ Il y a の後に来る名詞は、avoir の直接目的語だから、不定冠詞は de にならなければいけないはず。ならば、

　Il y a des toilettes → Il n'y a pas de toilettes

　となるのが正しいのではないか…？ なのに、ここでは des toilettes ？

これにはいくつか説明の仕方があるようです。ひとつにはトイレはつねに複数で表されること（単数の toilette は「身だしなみ」あるいは女性の「化粧着」）。さらに「あってしかるべき des toilettes がない！」という状況の異常さを文法的規則違反が表現するというものです。いずれにしても、des toilettes は複数で、どこにでもちゃんと見つかるものであってほしいものですね。

l'escalier de service

「召使の階段」とは、大きなアパルトマンや城のような住居にあって、昔、家事をする召使が人目に触れずに部屋から部屋へ移動できるように作られたいわば隠し階段のようなものです。人目に触れずに出入りすることができるので、夜遅くにそっと帰ってくるときなどは便利。

その階段に通じる鍵を遙香にもあげようとジョアナが言います。On t'en donnera aussi une clé. ここでも中性代名詞 en が出てきます。この代名詞の中身は une clé de la porte de l'escalier de service です。長いですね。そのために en に置き換えられているのですが、省略したはずの clé という単語が最後に出てくるのは、この会話の中にまだ clé という単語が一度も使われていなかったからです。

✈ ✈ ✈ 出発前のおさらい ✈ ✈ ✈

✔ 家の中の語彙を調べておこう

　このシーンの会話に出てきた順に並べてみると、次のようになります。何のことだったか意味を思い出し、もし具体的にイメージできなければ、Web で画像検索してみましょう。

> une chambre, une commode, une penderie, une télé
> une télécommande, un bureau
> des tiroirs, l'ordinateur
> l'Internet / brancher, une prise, des toilettes
> du papier-toilette, un placard, une clé...

　家の中のものはほかにもいっぱいあります。玄関、廊下、キッチン、居間…。場所ごとに、たいていそこにあるものと、そこでする動作を思い浮かべ、単語を書き出してみましょう。

✔ 所有代名詞を全部言えますか？

　初級の参考書を引っ張り出して、表を埋めてみましょう。

もっている人	所有されているもの 単数（男性 / 女性）	所有されているもの 複数（男女同形）
je	le mien / la mienne	les miens
tu	/	
il, elle	/	
nous	/	
vous	/	
ils, elles	/	

＊「もっている人」の性別は無視してください。あくまでも名詞の代わりに使われる代名詞。もとの名詞、すなわち「所有されているもの」の性・数によって形が変わります。冠詞の場合と同様に複数になると、男性・女性の区別がなくなります。

✔ 代名動詞をおさらいしておこう

Expression で出てきた salle de bains で使う代名動詞は再帰的用法が主でしたが、他にも用法があります。それぞれの特徴をおさらいしておきましょう。

▶再帰的用法

動詞の行為が、主語のところへ戻ってきます。

 Je me lève très tôt.
  私はとても早起きです。

lever は直接目的語を取る動詞（意味は「横になっているものを立てる」）ですが、再帰代名詞 se と組み合わせ、se lever「（横になった状態から）起きる」という意味になります。典型的な代名動詞です。

▶相互的用法

動詞の行為は主語へ戻りますが、主語が複数になっており、お互いにその動詞の行為者であると同時に行為を受ける側でもあるということです。

 Ils se battent depuis toujours.
  彼らは相も変わらずけんかしている。

この用法では、nous の代わりに on もよく使われます。nous を使った表現と比べると短くて簡単ですね。しかし、on の文法的扱いは 3 人称単数ですから間違えないようにしましょう。

 On s'aime. 僕たちは愛し合ってる。
 （Nous nous aimons.）
 On s'entend bien. お互い、よく理解し合っているね。
 （Nous nous entendons bien.）

▶受動的用法

動詞の行為は主語へ戻ります。つまり主語はその行為の結果を引き受けるのですが、現実の行為者は別にいて、文章には現れません。

Ce livre se vend beaucoup.
この本はよく売れている。
Il se fait couper les cheveux.
彼は髪を（誰かに）切ってもらう。

フランス語では受動態の構文（être ＋過去分詞）よりも、この代名動詞がよく使われます。過去分詞の性質上、受動態ではどうしてもその結果に焦点が合ってしまうのですが、代名動詞の形なら、その行為自体に焦点を合わせられます。

▶ **本来的用法**
代名動詞の形でしか用いられず、再帰代名詞を取ると意味をなさなくなる場合です。

Tu te moques de moi ?
私をからかってるの？

小説などを読むときに、代名動詞が使われている場所によく注意をしておきましょう。たとえば、こんな例もあります。douter は「疑う」という意味の動詞ですが、se douter となると、意味が逆になります（どちらも en を含む表現がよく使われます）。

On dit qu'il fera beau demain. Mais j'en doute.
明日は晴れるそうだ。だけど、僕はそうは思わないね。（たとえば、「外は大雨だから」。）
Je suis content d'avoir gagné beaucoup d'argent.
お金をたくさん稼いだので満足してる
— Je m'en doute !
——そうじゃないかと思ったよ。

Révision

語彙 [vocabulaire]
所有代名詞 [pronom possessif]
中性代名詞 [pronom neutre]
代名動詞 [verbe pronominal]
省略 [abréviation]

5 夜ご飯1 【テーブルの支度】

　ジョアナに家の中を案内してもらっている間に、キッチンでは夕飯の支度が整ったようです。いよいよ夕食。遙香にとって、それはジョアナと一緒にテーブルにお皿やグラスを並べるところから始まります。同時に初めてのお手伝い体験です。

Situation

　よそのおうちで初めてお食事によばれたら、それはそれは緊張します。しかも会ってからまだ数時間しか経ってない「見ず知らず」のフランス人家庭。いったいどんなことが起きるんだろうか…。期待とともに、心配も押し寄せてきます。

　「何が起きても不思議ではない…」からこそ、「何でも来い！」の心境で、ここは泰然と構えましょう。あなたは異文化を運んできた外国人。この場では「異質」であって当然なのです。言いかえるなら、何をしたって「浮く」。初めから「浮いている」。それなら覚悟を決めて、「まれびと」の役を楽しみましょう。

　ここで緊張をほぐす一番の方法は、自分から積極的に動くことです。黙って待っているだけでは間が持たないし、舌もほぐれません。

　フランスでは子どもの時からどんどん家事をやらせます。ホーム

ステイはお客様ではありませんから、家族の一員として、どうふるまうかを考えてみましょう。遙香のように、テーブルの準備をすることは何をどう並べるか覚えてしまえば、それほどむずかしいことではありません。洗濯のように機械も使わないし、掃除のようにものを壊す危険もない。一番簡単にできるお手伝いです。

　日本はお箸の文化ですので、食器やその配置も異なります。家でナイフやフォークを毎日使っているご家庭は少ないでしょうから、どのように置いたらいいのかは、ステイ先の家族にきいてみましょう。フランス人どうしでも、フォークは先のとがったほうを上に向けるか、伏せておくかで意見が分かれます。習慣の違いもあり、どれが正しいとは一概に言えないのです。

特別講義　食事のお作法1

　日本のいわゆる「テーブルマナー」はどうやら、イギリスから入ってきたようで、フランス式とは微妙に違うところもあります。たとえば、スープスプーンを口に運ぶ時は、フランスではとがった先を唇に当てて、まっすぐに口の中に入れます。スプーンと唇は直角に交わります。小さなスプーンでコーヒーや紅茶の砂糖を溶かす時には、下からすくい上げるようにしてかき混ぜる人が多い。これはフランスの砂糖の質が悪く、スプーンを立てたままくるくると回すだけでは溶けないからだといわれます。なるほど、形の不揃いな茶色い砂糖の塊をみると、それもうなずけるような気がします。

　しかし、テーブルマナーとして、一番大事なことは、一緒に食事をする人を不快にしないことです。スプーンの角度や回し方が多少違っていても、それはたいした問題ではない。ところが、何が不快をもたらすかは、文化によってたいへん大きな差があります。そこで次に、フランスの友人たちにきいて、テーブルでは避けたほうがいいと言われることを挙げておきます。

　ひとつは**音**。これは基本。

じつは日本とフランスの料理の違いで見落とされがちですが、とても大きな違いに料理の温度があります。日本では「熱いものは熱く、冷たいものは冷たく」食卓に供することが大切。この「熱い」が、場合によっては相当な高温にまでおよびます。

日本に来たフランス人が一様に「驚愕」するのは、テレビなどで見る熱々のお茶漬けやラーメンをすするシーン。湯気が立って、本当に熱そうです。ふうふう息を吹きながら、すすりあげて食べる。これこそが究極の「熱いものは熱く」ですが、多くのフランス人にとっては「なんて危険な！」としか映らない。あんなに熱くてはやけどしてしまう…。味もわからないんじゃないか…。第一、なんで、あんなに熱いものを食べなきゃならないんだ…。というわけです。しかも音を立てて！

お茶漬けやラーメンは空気と一緒にすすることで料理の温度を冷ましているのですが、その音が日本人の耳には「美味しいもの」を意味し、フランス人の耳には「常軌を逸した食べもの」と響く。これは食文化の違いです。

ただし、熱々をすすることに抵抗がないため、お箸の国の住人はついなんでもすすってしまう。そこに問題が生じます。たとえば、スパゲッティ。そんなに熱くないでしょう？　音を立ててすする理由がありませんね。もしスープなどが熱かったら、スプーンですくって、ふうふうとそこで冷ましてから口に入れる。こうすると音を立てずに食べられます。

次は**ナイフ**。

お箸の文化では、あわびも箸の先で切って食べたい。箸とは便利な道具で、豆腐のような柔らかいものから、あわびのようなものまで切り分けます。片手でできなければ、両手に一本ずつ持って、えいやっと…（ほんとはしてはいけませんけれど）。箸で切れないものは、食卓に出る前に切り分けられています。とんかつとかステーキとか。最悪は歯で食いちぎればよいのだし、ナイフなしでも、何とかなる…。この習慣に落とし穴があります。

テーブルにナイフがあっても、フォークだけで何とかしちゃう。これがフランス人には「謎」を生みます。レストランで、しばしばフランス人の目を引く不審な行動。それはフォークの一本使い。パテでも鶏肉でさえも、これ一本。そこで周囲の目が集まります。「あのひと、さっきからナイフ使ってないよね…、なんでなんだろ？」

食卓の歴史的にも、フランスではまずナイフです。フォークが入ってきたのは16世紀のことで、フィレンツェ生まれのカトリーヌ・ド・メディシスがアンリ2世に嫁いだ時、洗練されたイタリア文化の一つとしてもってきました。とはいえ、これがなかなか普及せず、17世紀のルイ14世でさえも、ナイフ一本で食事することを好んだといいます。ヴェルサイユ宮殿に君臨する太陽王でさえもそうなんですから、あとは推して知るべしですね。

というわけで、挙動不審に見られないようにするには、使わなくても右手にはちゃんとナイフを握っておきましょう。そして、両手はテーブルの上に出しておき、肘はつかない。

日本では右手に箸、左手にごはん茶碗ですから、右手にフォークを持ってしまうと、左手が暇になってします。そこで、椅子に左手をついたり、テーブルに肘をついたり。これを避けるためにも、ナイフとフォークは両手に持っているにこしたことはありません。ただし、会話に夢中になって、それを振り回すのはやめましょう。

最後に**姿勢**。

お箸の国では、ごはん茶碗や小皿を使います。箸の弱点はものを口まで運ぶときの不安定さ。こぼさないように、お茶碗や小皿をちゃんと口のそばまでもっていくのがお行儀のよい食べ方です。でも、フォークやスプーンを使って食べるときにはまったく逆になります。これらの道具は箸より安定性があり、こぼす心配がありません。お皿は絶対にもちあげない。そして、お皿に近づこうとして必要以上にかがみこまない。箸でもナイフとフォークの文化でも、姿勢をまっすぐにしていただくのが、美しい食事の作法です。あ、鐘が鳴りました。特別講義はこれでお終いです。

Scène 5 *Dîner 1 (mettre la table)*

Olga (O) : (à la cuisine) On peut manger ! Quelqu'un met la table ?...

Joanna (J) : (à Haruka) Oh ! Vite, allons-y ! (Dans le salon, devant le buffet.) On commence par les couverts, dans ce tiroir. Voilà quatre couteaux et quatre fourchettes. On les met sur la table.

Haruka (H) : Et moi je prends les petites cuillères. Les couteaux, à droite, les "forchettes", à gauche. C'est ça ?

J : Les "four-chettes" ? Oui, à gauche. Et les petites cuillères, en haut. (Plus fort, à sa mère.) Maman, y'a d'la soupe ?

O : (de la cuisine) Non, pas eu le temps, ce soir. Désolée !

H : Alors pas de grandes cuillères, c'est ça ?

J : Exactement. Et pas d'assiettes creuses, non plus.

H : Qu'est-ce que ça veut dire "creuses" ?

J : (montrant la pile d'assiettes) Les "creuses", un peu profondes, c'est pour la soupe. Les autres, c'est les plates. Il y a aussi les petites, pour le dessert.

H : Et en haut, c'est les verres !

J : (ouvrant la porte du haut du buffet) Exactement ! On va en mettre deux à chacun, un verre à eau et un verre à vin... C'est aussi comme ça, chez toi ?

H : Au Japon, on mange avec des baguettes mais il y a beaucoup de petits plats. Et des "beaucoup" petits verres pour le saké.

J : Ah, des verres très petits ! Tout ça, ça doit faire pas mal de vaisselle à laver, dis donc !...

Frédéric (F) : (arrivant avec une bouteille de vin) Joanna, tu me passes le tire-bouchon, s'il te plaît ? Haruka, tu bois du vin ?

H : (finissant de poser les verres) Oui, Monsieur... Pardon : oui, Frédéric. Un petit peu. Mais je n'ai pas d'habitude.

F : Tu n'as pas l'habitude de boire de l'alcool ?

H : Mes parents "boient" de la bière et du saké mais pas moi. Je bois de l'eau et du thé.

J : Mes parents non plus, ils ne boivent pas que de l'eau.

Expression

mettre la table

　食事ができるようにテーブル・セッティングをする。それが mettre la table。基本はまず les couverts つまり des couteaux, des fourchettes, des cuillères（ナイフ、フォーク、スプーン）を置くことです。日本ではカトラリーと総称するようです。

　何本のナイフ、フォークがいるか、どんな形のものがいるかは、料理によって違います。

　それからお皿 des assiettes。これもまた料理の種類によって違います。平皿 des assiettes plates の出番がもっとも多く、スープは深皿 des assiettes creuses、デザート用には小さな皿というように。

　そして水やワインを飲むためのグラス des verres を用意します。

　このシーンの会話には出てきませんが、ナプキンは des serviettes。布か紙か、その家庭によっても違います。これは膝に置いておいて、口元や手が汚れたら使うものですから、遠慮なくそれでふくようにしましょう。時にはペーパータオル l'essuie-tout（定冠詞だとロール状になったもの全体、一枚、二枚は feuille を単位にします）も使われます。

省略されるのは単語だけじゃない

　ジョアナとオルガの会話。Maman, y a d'la soupe ? ── Non, pas eu le temps. 前のシーンでは単語の省略が出てきましたが、ここでは主語がすっぽり抜けたり、部分冠詞が縮まったりしています。

　Maman, 　 y a d'la soupe ?　⇨　Maman, il y a de la soupe ?
　Non, 　 pas eu le temps.　⇨　Non, je n'ai pas eu le temps.

　現実に話される会話は文法の参考書通りの形ではありません。

たとえば否定の ne 〜 pas。会話ではほとんど ne が抜け落ちてしまいます。

Je n'arrive pas à comprendre.　⇨　J'arrive pas à comprendre.
理解できない。

これは ne と比べると pas のほうが音として明瞭であり、否定の意味を伝えやすいからです。

さらに avoir や être の直説法現在の 2 人称は tu でもエリジオンします（文法書では禁止でしたが…）。

Qu'est-ce que tu as ?　⇨　Qu'est-ce que t'as ?　どうしたの？
Tu es sûr ?　　　　　⇨　T'es sûr ?　ほんとに？

よく映画のセリフが聞き取れないという相談を受けることがあります。教科書で習う文章はスタンダードで、もちろん書いたり話したりするときにはどこで使っても恥ずかしくない形をしていますが、実際にフランス人どうしが話している会話はこのように文法書では間違いとされるような省略がふつうに行われているせいでもあります。

Désolée !

長く言うと Je suis désolé(e). désolé(e) は形容詞。主語と性・数一致します。「残念に思う気持ち」「遺憾に思う気持ち」を伝えるもので、その気持ちを丁寧に表現するにはこの文全体を言います。

ここでは前半が省略されており、軽い表現で、スープがなくて「残念でした！」「悪いわね」「お気の毒様！」というわけです。

この短い表現はよく使われます。言葉の役目は何か具体的なこと（たとえば「今、外は雨が降っています」のような事実）を伝えるだけでなく、何か言うこと自体が行為になる場合もあり、また会話のピンポンのように、言葉のやり取りそのものが楽しい遊びになることもあります。そうした言葉の使い方の一つとして、Désolé(e) ! という表現を覚えていると楽しいですよ。たとえばこんな具合…。

T'as mangé mon petit pain au chocolat ?! — Désolé(e).
私の（大事な）パン・オー・ショコラ、（とっといたのに）食べちゃったわけ?!
——悪いね。

これは本当に悪いと思っているのではなく、ちょっとだけひらき
なおってる。菓子パン一つぐらいで真剣に謝られたら、食べられ
ちゃったほうとしてもかえって困ってしまいます。

un verre à eau と un verre d'eau の違い

à は de とならんで初級の最初から出てくる前置詞です。最初に習うのは空間や時間の位置を示す用法。
Elle habite à Paris.　彼女はパリに住んでいます。
Il vient à trois heures.　彼は 3 時に来ます。

けれども、中級になるといろいろな用法が出てきます。全部の用法を表にして一度に覚えてしまうのも一つの手ですが、もっと楽しく覚える方法があります。それは、出てくるたびにどんな働きをしているのか、別の前置詞と比べたりしながら、自分で用法を発見していくことです。

たとえば un verre à eau も un verre à vin も用いられ方は同じです。verre の用途を説明しています。それぞれ「水を入れるためのグラス」であり、「ワインを入れるためのグラス」です。

さて、à の代わりに de を入れてみたらどうでしょう。un verre d'eau と un verre de vin も文法的には問題なく成立します。けれども前置詞を変えると意味が違ってきます。この de が意味するのは「水が入っている」「ワインが入っている」ことです。

Un verre d'eau, s'il vous plaît. と言えば、「水を一杯ください」の意味になりますが、Un verre à eau, s'il vous plaît. と言ったら、「水を入れるためのグラスをひとつください」ということになります。たった一つの機能語、それも本当に小さな前置詞を入れ替えるだけで意味はがらりと変わってしまいます。

反対にその直前の表現 On va en (= verre) mettre deux à chacun.（一人につき二個のグラスを置きます）では、à の代わりに de は入りません。入れ替えるとしたら pour で、この場合には置き換えても、意味の変化はありません。どちらで表現してもいいのです。

les forchettes? Des beaucoup petits verres? Je n'ai pas d'habitude?

　このシーンに出てくる遙香の言い間違い…。

正しくは、
les forchettes　⇨　les fourchettes
（これは発音の間違い）
des beaucoup petits verres　⇨　des verres très petits
（これは petit を強調したいのだけれど、その方法の間違い）
Je n'ai pas d'habitude.
　⇨　Je n'ai pas l'habitude de boire de l'alcool.
（これはおそらく comme d'habitude という表現と否定表現がこんがらがった勘違い）

　これらの小さな言い違いは日常茶飯事で、気にすることはありません。本文を見てもわかるように、遙香が間違っても
　遙香：les forchettes　⇨　ジョアナ：Les "four-chettes" ?
　遙香：Des beaucoup petits verres
　　　　⇨　フレデリック：Ah, des verres très petits !
　遙香：Je n'ai pas d'habitude.
　　　　⇨　フレデリック：Tu n'as pas l'habitude de boire de l'alcool ?

　ジョアナやフレデリックが「正しい言い方」（下線部）にして繰り返しています。

　特にホームステイにおいては、家族の中で実際に言葉を話しながら外国語を習得していくのが目的なのですから、また受け入れ先の家族もじゅうぶんにそのことを心得ていますから、間違いを気にせずどんどんしゃべるべきでしょう。

正しい言い方を教えてもらったときは、聞きっぱなしにしないで、その場ですぐに声に出して確認します。正確に聞き取れているかを確かめて、自分の声で言ってみる。これが大事です。よく聞き取れなかったりすることもあるので、曖昧にせず、必ず、声に出して繰り返しましょう（遙香はテクストの関係で繰り返していませんが、みなさんはぜひそうしてくださいね）。

Mes parents non plus, ils ne boivent pas que de l'eau.

　遙香が「水とお茶しか飲まない」と言うと、ジョアナが「うちの両親もそうだ」と答えています。
　「〜もそうだ」と言うとき、内容が肯定か否定かによって、aussi あるいは non plus を使い分けます。

　Mon père aime la bière. — Moi aussi !
　　父はビールが大好きだ。——私もそう（大好き）。
　Mon père n'aime pas la bière. — Moi non plus.
　　父はビールが好きじゃないんだ。——私もそう（好きじゃない）。

　ところで、日本では20歳を過ぎたらお酒が飲めますが、フランスでは18歳です。大学1〜2年生は日本では違法ですが、フランスでは合法。食事の前にアペリティフ（食前酒）をいただく習慣もあり、ステイ中はお酒に接する機会が日本よりあるかもしれません。

　日本では大学生になったくらいで、友人たちとの付き合いからお酒を覚えていくようです。フランスではむしろ家庭の食卓でアルコールとの付き合い方を学びます。それはまず第一に料理を美味しくいただくためであり、そのための適量を覚えます。お酒は「酔う」ために飲むのではないからです。

　アルコール類は苦手な人もいるわけで、勧められたからと、無理に飲む必要はありません。飲み慣れていない場合は、遙香のようにはっきりとそのことを伝えましょう。次のシーンで出てくるように、いただけない場合はお断りしても失礼ではありません。大切なのは言い方で、それは次のシーンで紹介します。

ついでながら、ここでジョアナの後半部 ... ils ne boivent pas que de l'eau. の「お水」とは、もちろん液体のアルコールのことです。両親をからかっているのですね。

✈✈✈ 出発前のおさらい ✈✈✈

✔ 部分冠詞と一緒に冠詞の使い方を見直しておこう！

　日本語のシステムにはない冠詞。英語を習ったときに初めて出会う「道具」ですが、中学や高校の英語ではその機能についてはあまり詳しく説明しないのではないでしょうか。機械的に使い分けを習うと思います。その名詞が初めて出てきた場合には不定冠詞で二度目に出てきたら定冠詞。でも、太陽や月や山や川の名前は最初から定冠詞、というように…。けれどもなぜ太陽や月がいつも定冠詞といっしょに出てくるか？ということはおそらく説明されないでしょう。

　フランス語の冠詞のシステムは英語の定冠詞、不定冠詞の区別に加えて部分冠詞が加わります。初級では部分冠詞を「数えられないもの」に使うとよく説明します。では、数えられないものとは何か？しばしば例文に使われるのは、コーヒーやパン、ワインやバターやお肉（du café, du pain, du vin, du beurre, de la viande）などです。

　この「数えられないもの」という表現がじつはあとからたいへん悩ましい問題を生じさせます。

　たとえば「お金」。これはまず使う前に「数える」のではないでしょうか？
　Ça fait combien ? — 10 euros.
　いくらですか？――10 ユーロです。

　ワインだって買い物に行けば「1 本」「2 本」と数え、コーヒーだってカフェでは「1 杯」「2 杯」と注文します。
　Un café, s'il vous plaît.　コーヒーを一杯お願いします。

「数えられるもの」と「数えられないもの」の違いは、どんどん曖昧になっていきます。

遙香はこのシーンの最後に「両親はビールやお酒を飲むけれど、自分は水やお茶を飲む」のだと説明します。Mes parents "boivent" de la bière et du saké mais pas moi. Je bois de l'eau et du thé. ここでは全部、部分冠詞が使われます。

けれどもこの文章をパラフレーズして、「両親はビールやお酒が好きだけれど、自分は水やお茶のほうが好きだ」という意味になるよう書きかえると、Mes parents aiment la bière et le saké. Mais je préfère l'eau et le thé. となり、部分冠詞は定冠詞に置きかえられます。同じ名詞で、同じような内容を言っているのですが、使われる冠詞が異なります。ますます困ってしまいますね。

さあ、ここでは一度「数えられるもの」「数えられないもの」という区別を忘れ、冠詞の基本的な役割から考え直してみましょう。

★日本語にはない「冠詞」が、フランス語ではどんな働きをしているのか？

その1　単数か複数かそれが問題だ

シーン3で「複数形も表現している」（dans mes mails だけで「何度もメールに書いた」という意味を含む）ことを扱いました。日本語では、こと名詞に関して、単数・複数の区別をしません。

日本語で「午後は図書館に本を返しに行かなければならない」と言う場合、本の数はまったく問題にしていません。「あ、そう！じゃ、私のも一緒に返しておいくれる？」とついでに頼まれたとしても、同様です。本は1冊なのか2冊なのか…、場合によっては10冊だっていいわけです。

ところが、この文章をフランス語に直すときは、まず単数か複数かを選ばなければなりません。

Il faut que j'aille à la bibliothèque cet après-midi pour rendre un livre (des livres).
—Tiens ! Est-ce que tu peux rendre le mien（les miens）en même temps ?

　フランス語の名詞の性は固定していますが、単数・複数はそのつどそのつど選ばなければなりません。一つなのかいくつもあるのか…。不定冠詞の un, une（単数）と des（複数）は、まずこの対立を表しています。

その２　冠詞抜きでは始まらない

　昔、あるところに、化学の勉強が好きな少女がいました。大きくなってフランスへ留学することが決まりました。化学者どうしの会話は数式と亀の子、ときどき英単語でなんとかなりましたが、日々の生活はそういうわけにもいきません。

　彼女は一人暮らしですから、ハムを一切れ（フランスでは日本の４倍くらいの大きさがあります）、レタス一個、レモン一個と買いたい。しかしマルシェでは豚肉を化学式で書いても通じません。フランス語は習って日も浅く、男性名詞か女性名詞かわからないものが店先には並んでいます。そこで彼女が見つけた解答は、「なんでも２個買うこと」。これなら、un か une で悩むことはありませんね。どうせ複数の s は聞こえないんだし…。

　これは実際にあった話です。笑いごとではありません。

　彼女がこの解決策に行きついた情景が目に浮かびます。黙って野菜を指さしても、「それが欲しい」という意思は通じます。八百屋の親父はそのたびに Combien ? ときくでしょう。一個でいいけれど、un か une かわからないから deux...。

　かくのごとく、不定冠詞の単数 un, une は数字と結びついています。山盛りになった des pommes の中から一個 une pomme を選ぶ。それが「あなたの買いたいリンゴ」です。

マルシェで一個の赤いリンゴを手にして立っている自分を想像してください。ここで何が起きているかというと、目の前には pomme と名指される果実が複数ある。しかし、あなたの手のひらにはその中の一つが任意に取り出されています。同時に、世界には pomme と名指されるものが、じつは無数にあります。けれど、あなたの手にあるリンゴほど、具体的で現実的なものはほかにはありません。それがあなたの手のひらにのっているリンゴの価値なのです。

この une pomme から冠詞を取ってしまうと、「一個」という意味と同時に、この具体的な感じが失われてしまいます。冠詞のない pomme だけでは、単数にも複数にも変わりかねない。言いかえるなら、それは手の中で現実のものとしての安定性を失ってしまうのです。

それぞれの名詞はそれによって指示される「概念」があります。たとえば「本」。黒かろうが白かろうが、古かろうが新しかろうが、小さかろうが大きかろうが、重かろうが軽かろうが…、フランス語では livre。

しかし、un livre, des livres, le livre, les livres では、livre の示す概念は変わらないのですが、それによってイメージされる具体的な「もの」が違ってきます。それならいっそ冠詞を取ってしまえば「概念」だけがストレートに伝わるのではないかと思われるかもしれませんが、そうすると今度は、受け取るほうでその「概念」をどのように「もの」としてイメージすればいいのかわからなくなってしまうのです。たとえば誰かがあなたに DVD を持ってきてこう言ったとします。

Je t'ai apporté ▬▬▬ DVD.

▬▬▬ の部分には、いろいろなものが入る可能性があります。un DVD なら特別に選んだものかどうかは別として、具体的にそれは一枚差し出されているのであり、des DVD ならばそれは複数です。le DVD なら「あの DVD」のことで、すでに話題として出

ている既知のもの、les DVD ならさらにそれが複数ある…などが考えられます。

＊DVD は Digital Versatile Disc 略称で英語からの借用語なので、複数形にsはつきません。

　それだけでなく、この　　　には冠詞のほかに所有形容詞や指示形容詞も入れることができますね。mon DVD, mes DVD, ton DVD, tes DVD, son DVD, ses DVD, notre DVD, nos DVD, leur DVD, leurs DVD それに ce DVD, ces DVD…。

　ところで、日本語で「あなたに DVD を持ってきたわよ」と言われたら、どうリアクションしますか？　約束していたわけでなければ、まず「へぇ、何の DVD だろう？」と思うでしょう。でも「あなたに DVD を持ってきたわよ」は日本語の文としては文法的にも問題なく成立しています。まったく不自然なところはありません。

　そこで、あなたがもっと詳しく知りたいのであれば、「何の DVD ？」ときく。あるいは DVD を持ってくることが前もってわかっているなら、「ありがとう、そこに置いておいて」とか、たくさん持ってきてくれることを期待しているのならば「何枚持って来たの？」と尋ねることもできるでしょう。

　日本語のシステムでは、「あなたに DVD をもってきた」というときの「DVD」という単語が指し示すものは、すでに共有されている文脈に依存しています。そして文脈が共有されていなければ、続く質問によって、より詳しい情報が与えられます。あらかじめ共有されている情報があるなら、いさぎよくどんどん切り落としていくのが日本語のシステム。その意味ではかなり効率のいいコミュニケーションだともいえます。

　けれども、これがフランス語表現となると、そうはいきません。まずこのままでは文章として完成していません。文法的にも「不完全」なのです。

あなたが Je t'ai apporté ▓▓▓ DVD. と言ったとすると、言われた人はそこに入りうるあらゆる可能性を頭の中で探し始めます。コミュニケーションの場では、相手の「エラー」を自分で自動的に修正しようとするからです。

そこに入るべきものが文法的に間違っている場合は規則にしたがえばいいのですから、比較的容易に修正できます。しかし、そこにあるべきものが欠落していて、こちらで埋めなければならない場合には、もっと時間がかかります。コンテクストを掘り起し、あらゆる可能性を探し、実際に入れてみて、それでいいのかどうか検討しなければならないからです。

こんな場面が実際にありました。パリの学生街に近いカフェでのことです。日本人の大学生らしい男の子が二人で入ってきました。ガイドブックを片手にコーヒーを注文。最初はうまくいっていたように見えたのですが、しだいに何やら怪しい雰囲気に…。二人はイントネーションやリズムを変えて、懸命に「オー、オー」と叫びます。ギャルソンのお兄さんはますます困惑するばかり…。

賢明なみなさんは、この二人が何を求めていたかお分かりですね。コーヒーを注文したあとに Eau, s'il vous plaît.（水をください）と言っていたのです。しかし、お兄さんの耳には「水」とは響かない。彼にしてみれば「この外国人はなぜ自分に Oh ! Oh ! s'il vous plaît. とわめくのか…」と思ったことでしょう。ついにガイドブックのページを一緒に覗きこんで一件落着。

eau は文字で書けば「水」のことだと伝わりますが、冠詞をつけない状態で会話に使われることはまずありません。この二人も部分冠詞をつけて de l'eau と言うか、せめて l'eau と言っていれば、「水」のことだと気がついてもらえたでしょう。自動修正機能が完全にハングアップした例でした。こうした例からも、間違えてもいいから冠詞をつけておいたほうが、コミュニケーションは（相手の自動修正機能を利用できるので）うまくいくのです。

その3 🖐 バターが銀紙に包まれているごとく、名詞には冠詞が必要です

　フランス語の名詞とそれに先立つ冠詞の関係はとても緊密です。語順から、冠詞と言えば「名詞の前」にあるものと思いがちですが、意味の上ではむしろ、冠詞は名詞が示す概念をすっぽりと包みこんでいるものです。

　ちょうどバターが銀紙に包まれているように…。

　冠詞のくくりによって、名詞は概念の輪郭をはっきりとさせ、伝えたい相手に運ばれていく。バターはそのまま手づかみでは人に渡せません。銀紙に包まれていなければ、自分の手も相手の手もべたべたになってしまいます。名詞の概念がきちんと相手に伝わるためには、冠詞という「ラッピング」が必要になります。

　その2 🖐 で、マルシェで赤いリンゴを一つ、手に取って見たところをイメージするという実験をしました。たくさんあるリンゴの中から一つ une pomme。二つ、三つ、四つと一個一個、慎重に選びながらいくつかをマルシェのおじさんに渡します。それがひとつのまとまりになって des pommes。ここではリンゴがいくつになるか、数を問題にしています。不定冠詞は 1 から始まる数の世界。

　キロ単位でお金を払い、これを家にもって帰ります。籠に入れてテーブルに置く。それらのリンゴはすでに既知のものですから les pommes ですね。

　夕食の後に、その les pommes から一個 une pomme を選んで皮をむきます。あるいは、家族のためにいくつかを取り分けます des pommes。

　さて、今度は、お菓子 gâteau を想像してください。パティスリーでケーキを選びます。フランスではパウンドケーキよりもタルト型が主流。今日はお友だちも来るので、大きな丸いのを一つ買います un gâteau。

夕食までこのお菓子 le gâteau を冷蔵庫に入れておきます。デザートにはこれをみんなで切り分けていただきます。しかし、全部は食べきれないので、そのうちの一部 du gâteau を食べます。残りは明日…。

このときは具体的に食べた gâteau を数ではなく量で考えています（du gâteau）。ケーキを買うときは「一つください」と言って、数で考えます（un gâteau）。このように不定冠詞か部分冠詞かは「数えられるもの」か「数えられないもの」かというそのものの性質によって異なるのではなく、同じものでも、「数として考える」のか「量として考えるのか」にかかっています。

たとえば天体としての太陽は一つですが、みんなが「太陽」と言うときには「あの太陽」を指しているので、un soleil ではなく、le soleil と定冠詞をつけて言います。既知のものとして扱われるからですね。

それでは太陽はつねに le soleil で、un soleil や du soleil は絶対に使えないのかというと、じつは不定冠詞も部分冠詞も使えます。

un soleil と言えば、太陽は太陽なのだけれども「私たちが見知っているあの太陽とは異なっている」こと、「いつもとは違うように見える太陽」を表します。du soleil と言えば、それは天体としての太陽ではなく、「日差し」で、熱や光としてとらえられた太陽です。たとえば植物にとって、雨ばかりでは、Il manque du soleil.（日照が足りない）ということになります。

その4　「数える」も「数えない」もあなた次第

このように冠詞はもっとも小さな機能語のひとつと言えますが、名詞の意味を確定するのにひじょうに重要な役割をしているのです。そして、どの冠詞を選ぶかは、名詞で表される「もの」の性質だけでなく、表現する人がその名詞の概念をどのように見せたいかということによって決まります。初めて習うときにはしかたありませんが、いつまでも「数えられる」か「数えられない」かだけを基

準にして不定冠詞、部分冠詞を選んでいては、冠詞が使えるようになりません。

「数えるのか」「数えないのか」それを決定するのは、あなたなのです。

こうした冠詞の重要性を肝に銘じて、初級参考書を見直してみましょう。練習問題にある仏作文などは特に、なぜここでは不定冠詞が、あるいは部分冠詞が選ばれなければならなかったかが、わかってきます。一歩踏み込んだ、フランス語の意味の作り方が見えてきますよ。そうなれば、あなたはもう初心者 débutant(e) ではありません！

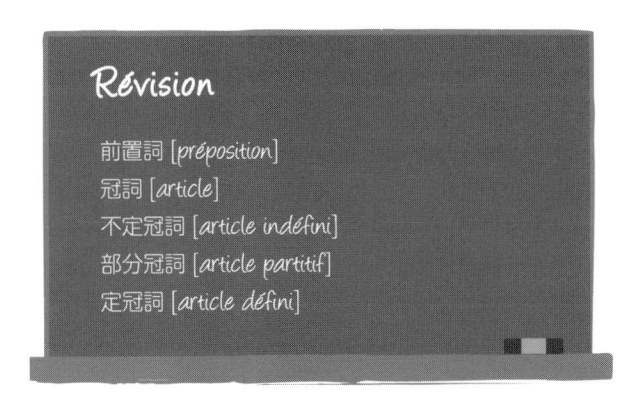

Révision

前置詞 [préposition]
冠詞 [article]
不定冠詞 [article indéfini]
部分冠詞 [article partitif]
定冠詞 [article défini]

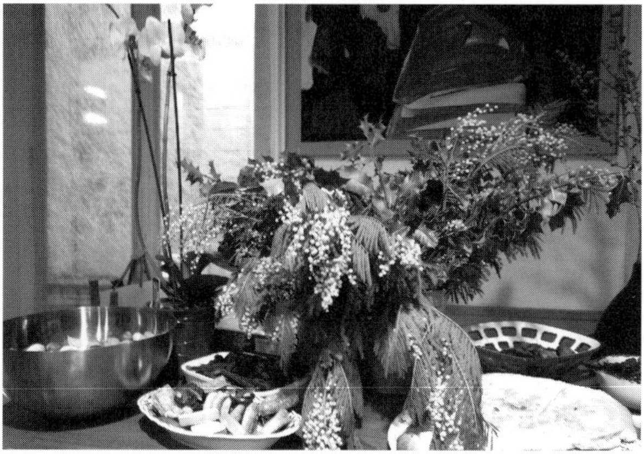

⑥ 夜ご飯2 【みんなで食事する】

　さあ、みんなでテーブルにつき、初めてのお食事が始まります。オルガはブッシェ・ア・ラ・レーヌを用意したようです。いったいどんなお料理なのでしょう？！乾杯から始まってデザートまで、にぎやかな食事のシーンです。

Situation

　フランスの生活で食事は基本事項の一つです。それは生命の維持ということだけでなく、一緒に食事をすることが家族の生活の一部なのです。

　日本では「個食」という言葉が生まれるほど、家族であっても各々別々、一人で食べることもそうめずらしくはありません。通勤や通学に時間がかかる、勤務内容や放課後の塾や部活によって帰宅時間が異なる等々、日本の家庭では全員そろうのがますます困難になりつつあります。

　けれどもフランスでは、いまだに昼食を家に帰って食べる人がいるように、食事は家族とするのが基本です。もちろん、それぞれの時間を尊重して、時にはばらばらになることもありますが、夕食はできるだけそろうのを待っているようです。

たまに、「ホームステイ先ではいつも一人で冷蔵庫を開けて食べていた」ということもないことはないですが、それは例外的です。なぜなら、ホームステイで外国人を受け入れようという家族は、そのホスピタリティゆえに「一緒に食べよう！」と待ち構えていることが多いからです。

　とはいえ、確かに、家庭によっては、料理が得意でなかったりもします。フランス人の家庭だから、フォアグラやワインがつねに食卓を飾っているというのは幻想にすぎません。食卓は驚くほど質素な場合もあり、「おなかが空いて困った」という人もいるようです。食のヴァリエーションにあまり関心のないお宅では、パスタだけ、ピザだけだったということもあるようです。ステイ先の食事内容に関しては、多少「あたりはずれ」があるといえるでしょう。

　けれども、料理の得意、下手にかかわらず共通しているのは、「一緒に楽しく食べる」ということ。食卓では会話の花が開きます。

特別講義　食事のお作法2

　花といえば優雅ですが、ただでさえ口数の多いのがフランス人。料理やワインを前にすると、いっそう舌がよく回りだし、騒がしいくらいにぎやかになることもあります。初めの日は、誰が何を言っているのか、ちんぷんかんぷんかもしれません。なにしろ話すスピードが速い。参考書のCDに吹き込まれている会話の3倍から5倍は速いのではないでしょうか？　話す言葉の量だって、それに正比例して増えますし、合間にワッハッハッと笑う、食器はかちゃかちゃ鳴るし…。

　というわけで、「聞き取れない」のは当たり前なのです。まず安心してください。

　それでもあなたは一所懸命に誰が何を言っているのか聞き取ろうとする。お料理そっちのけで耳はアンテナ…。それだけでなく、「みなさんの言ってること、私、ちゃんとわかっていますよぉ」とたえず笑顔でアピール…。となると、すっかり疲れ果ててしまうで

しょう。まるで携帯電話のアンテナが電波を探し続けてやがては消耗してしまうみたいに…。それでは食事も会話も楽しくなくなってしまいますね。こんな時、どうしたらいいのでしょう？

　繰り返しますが、あなたがフランス語に不慣れな外国人であることは、食卓の誰もが知っています。織り込み済み。質問されてとっさにわからなかったり、じょうずに応えられなかったとしても、誰も「おかしい」とは思いません。だから、自然体で。「みんなの言っていることが、よくわからなくても、それがふつうだ」と思って、雰囲気にとけこんでしまえばいいのです。

　「そうはいっても不安だ」という人には、ここでいくつかのポイントを挙げておきます。

　会話についていかれないのはまったく恥ずかしいことではありません。けれども、わからないからといって、耳を傾ける努力を怠って、あからさまに退屈していることを示したり無関心な態度をとることは避けるようにしましょう。これは勉強にならないというだけでなく、一緒にテーブルを囲んでいる人を無視していることになるので、せっかくのお食事の雰囲気を壊してしまいかねません。

　人が話していることを「あなたがあまりよく理解していないようだ」と感じたとき、まわりからは三つのリアクションがあると想定されます。

1. 誰かが気遣って Comment ça va ?（大丈夫？）ときいてくる。
2. もう一つは、あなたに会話に参加するきっかけをつくるため、Qu'est-ce que tu en penses ?（君はどう思う？）と意見を尋ねてみる。
3. あるいは Est-ce que tu as besoin de quelque chose ?（何か必要なものがありますか？）という質問で婉曲にあなたの様子を探ってくる。これは 1 番の延長なので、Oui や Non で答えるべき質問ではありません。

　さて、これらの質問が向けられたら、どう反応しますか？　じつ

はこの三つの質問に答えられるオールマイティな返事があります。

J'essaie de suivre, mais je ne peux pas participer.
みなさんの会話についていこうとしているのですが、でも、参加するのはむずかしいですね。

この「努力している」っていうのを見せるのがツボ。「なるほど、それでもむずかしいのか」「それじゃ無理に話させようとするのはやめよう」と、全員が納得できる。要は説得力の問題なのです。

ここで間違っても、うっかりと Je ne comprends pas... などとつぶやくとあとが大変。たちまち「何がだ？」「どうしてだ？」「どこがわからないのか？」と質問の集中砲火にあってしまいます（でも、それもひとつの勉強なのですが…）。

さらにもうひとつ、会話につづいて食卓で遭遇するだろう難題は食事の量。少食の家庭もありますが、どちらかと言えば量は多い。これは家でもレストランでも同じ。アペリティフで小さなパイやらクラッカーやらを食べ、すでにおなかが膨れているところへ、お肉もお魚もおよそ2倍、サラダも2倍、おまけにチーズが2倍、ケーキの一切れはゆうに3倍はあるのではないか…。これは家族の年齢が上がるにしたがって、昔風の量で多くなる傾向があります。

「残してはいけない」「せっかく作ってくれたのに申し訳ない」と思う気持ちはよくわかりますが、食べ過ぎは体調を崩すもとです。このシーンで遙香が言っているように、じょうずにお断りする必要があります。それは決して失礼でもなんでもありません。でも、どうやって…？

遙香はここで J'ai un petit estomac... と言っていますね。これで物理的限界が明瞭に示されますから、「こればかりはしょうがない」とまわりも納得しやすい。これも説得力の問題です。そのほかにもこんな表現があります。

Je n'ai plus (J'ai plus) faim. 　もうおなか一杯です。

Je n'ai pas (J'ai pas) l'habitude de manger comme vous.
みなさんのようなお食事をとる習慣がないのです…。

　とはいえ、目の前にめずらしくて美味しそうなものが山ほどたくさんあったら、その誘惑に打ち勝つほうがはるかにむずかしいでしょうね。

　さて、このシーンでは描かれていませんが、お食事が終わってから、どうするか？　みなさんの家ではどうしていますか？「ごちそうさま」のあとにテーブルの片づけをしないで、席を立っていますか？　そんなはずはありませんね。キッチンのシンクに食器を持っていくぐらいはしているのではないでしょうか？　友だちのうちによばれた時も、たぶん、そうするでしょう。

　フランスではどうするかというと、たいていのおうちに大型の食器洗い機 le lave-vaisselle が設置されています。日本で一般に使われているものよりずっと大きくて、上下2段のバスケットにはお鍋なども入ります。大きいので、食事の度に洗うというより、一日の終わりにまとめて一気に洗ってしまいます。この方が水やエネルギーを節約できるからです。

　そこで、食事の後は、各自がこの食器洗い機に自分のお皿やナイフ、フォークを持って行き、中に入れます。効率よく洗えるように並べるには、ちょっとしたコツがありますが、見よう見まねですぐに覚えられます。

　ある時、パリに住んでいる友人の家で、高校一年生の娘さんの友だちが数人、昼食時に遊びに来たことがあります。今どきのパリの高校生、かなりおませさんたちで、ファッションもマニキュアも最先端です。機関銃のような早口で午後からどこかへ出かける相談をしていましたが、食べ終わったら、めいめい、さっさと食器を機械に運んで、風のように立ち去っていきました。

始終小鳥のようにさえずっていましたが、食器洗い機にグラスやお皿を並べる手際は見事なもので、いつもそうしていることがよくわかりました。最近のしつけのいい子どもとは、食事が済んだら自分の食器を機械に並べることができるということなんだ！と感心したものです。ちょっとした気遣い。そんなにむずかしいことではありませんね。

track no. 011, 012

Scène 6 *Dîner 2 (manger ensemble)*

Olga (O) : (entrant avec un grand plat qui sort du four) Attention, c'est très chaud ! Frédéric, tu me fais de la place…

Joanna (J) : Oh super ! Des bouchées à la reine ! Et qu'est-ce qu'il y a après ?

O : Rosbif froid mayonnaise et haricots verts.

Haruka (H) : C'est beau ! Qu'est-ce qu'il y a dans les… ? Comment on dit ?

O : (en servant) Les "bouchées à la reine" ? Alors dans la pâte feuilletée, j'ai mis une garniture de crème avec champignons, crevettes et fruits de mer. À ma façon, hein…

H : Euh… je ne comprends pas bien. Mais je vais goûter. C'est très beau !

Frédéric (F) : (qui vient de servir le vin) Allez, on boit à ta santé ! Que ce séjour te plaise et te serve pour ton avenir !

Tous : (sauf Haruka) Au séjour d'Haruka !

H : (qui a rougi) Oh, merci ! Je ne sais pas quoi dire…

O : Allons-y ! Pendant que c'est encore chaud ! Bon appétit !

H : (après avoir fini) Madame, c'est très bon ! J'aime ça, la bouchée à la reine !

F : Hein ! C'est autre chose que la malbouffe de l'avion…

H : (qui n'a pas le temps de questionner) …??

J : Tu as de la chance, ça fait au moins un an qu'on n'en avait pas eu ! Je te sers du rosbif et des haricots ?

H : Oui, un peu de chaque, merci. Oh non, pas trop ! J'ai un petit estomac...
O : (à Frédéric) Chéri, tu me passes le sel et la mayonnaise, s'il te plaît ?
J : (un peu plus tard) Et comme dessert, on a quoi ?
O : Il y a le panier de fruits et une tarte aux fraises. Haruka, tu aimes la tarte aux fraises ?
H : Oui, mais...
O : Une toute petite part ! Tu verras, ça descend tout seul...
J : Et puis on va se faire des tisanes pour digérer et bien dormir !

Expression

直説法現在で人にものを頼む；命令法のもつニュアンス

　熱々のお皿をオーブンから出したオルガがフレデリックに言います。Frédéric, tu me fais de la place...

　Scène 3 で命令法のおさらいをし、また命令法を使わずに人にものを頼む表現も出てきました。ここでは直説法現在を使っています。オルガはこのシーンの後半にもフレデリックに、塩とマヨネーズをとってほしいと言います。
　Chéri, tu me passes le sel et la mayonnaise, s'il te plaît ?

　さて、復習をかねた練習です。これらの表現を命令法にして言ってみましょう。
　1.　Frédéric, tu me fais de la place...
　　　⇨
　2.　Chéri, tu me passes le sel et la mayonnaise, s'il te plaît?
　　　⇨

　1. の言いかえは、Frédéric, fais-moi de la place, s'il te plaît.
　2. は Chéri, passe-moi le sel et la mayonnaise, s'il te plaît.
　　＊命令法に直した時に、間接目的語の me が moi に代わっていることに注意しましょう。

いずれも s'il te plaît がついたほうが、やわらかい表現になります。けれども家族や友人どうしのように親しい間柄であれば、s'il te plaît をつけないことも多く、それはそれで自然なのです。お互いに理解しあっているので、「できなければ、non と言えばいい」という含みがあって、命令法だけでものを頼んでいるのです。

ところが、この命令法の動詞に強く反応して、日本的社会コードで読み解くと、それはいかにも「命令口調」であって、non と言ってはならないような印象を受けます。そして、何事にも non と言いにくいのが日本社会です。けれどもフランス語の命令法は日常的にひじょうによく使われ、かならずしも絶対的な命令口調ではないということを頭の隅においておいてください。

Rosbif froid mayonnaise et haricots verts... 冠詞はどこ？

くどくどと、前のシーンで冠詞の話をしてきたにもかかわらず、冠詞がないじゃないですか？「間違えてもつける！」はずではなかったの？

ごもっともです。ここで冠詞がないのは、レストランのメニューや黒板に書かれているお料理に冠詞がないのと同じ理由でして、商品名のようなもの。ご心配なく、このあとにジョアナが実際にこの料理を遙香に取り分けてあげる時には、ちゃんと冠詞がついています。

Je te sers du rosbif et des haricots ?

この「実際に食べる状況」で、ローストビーフはもとの塊から切り分けられる「分量」として考えられるので du rosbif（部分冠詞）、いんげんは一本一本の集合である「複数」として考えられるので des haricots（不定冠詞）となっています。

毎日食卓に出ているものにひとつひとつ、ゲーム感覚で部分冠詞、不定冠詞をつけてみましょう。間違えてもすぐに直してもらえます。よいコミュニケーションのきっかけになると同時に、身に染みて「もの」と「冠詞」の結びつきを覚えることができます。

Les "bouchées à la reine"... À ma façon...

　à ma façon は直訳すれば、「私のやり方で」。「ブッシュ・ア・ラ・レーヌ」のレシピをオルガが自分でアレンジしているということです。料理にしろ、掃除にしろ、ノートの取り方にしろ、フランスでは自由に à ma façon。みんないろいろ工夫しています。

　「それ、どうやったの？」ときかれたら、à ma façon。秘密にするかしないかは、あなた次第です…。

Euh...je ne comprends pas bien. は禁句じゃないの？

　たいへん！　Situation のところで、Je ne comprends pas. などと言おうものなら、質問が降ってくると警告したにもかかわらず、遙香はここで地雷を踏んでしまったのでしょうか？

　いえいえ、大丈夫です。なぜかというと、すぐそのあとに、Mais je vais goûter と自分の意思をはっきり示しているからですね。オルガの説明をきいても、ブッシェ・ア・ラ・レーヌの中身がどうなっているか想像がつかない。それでも、「食べてみる」と遙香は言っています。食べてみれば、どんなものかわかる。それならオルガもこれ以上説明する必要はありません。

　もし遙香がここで Je ne comprends pas. とだけ言って、黙ってしまっていたら、オルガは「もう一度、説明しなければいけないかも…」と考えてしまったことでしょう。

À ta santé !「健康を祝して」は乾杯と同義語

　On boit à ta santé. は「君の健康を祝してお酒を飲む」つまり「健康を祝して乾杯」という意味になります。À ta santé ! だけでも OK。ヴァリエーションとして、santé は女性名詞ですから À la tienne !, À votre santé !, À la vôtre !, À notre santé !, À la nôtre ! が可能です。

乾杯に願いを込めると

　Que ce séjour te plaise et te serve pour ton avenir !

　Que で始まるこの表現は、「Que ＋接続法」の独立節となる用法で、願望を表しています。つまり Que 以下の出来事（主語と動詞で表されていること）が、現実となりますようにという願いを込める Je souhaite que... の省略で、少しクラシックな乾杯のあいさつです。

　ここでは「この滞在（ホームステイ）が君（遙香）の気に入り、将来に役立つように」という願いを表しています。plaise は plaire の、serve は servir の接続法現在です。どちらも目的語「誰々にとって」の前に à という前置詞をとります。te は間接目的語です。

　このあと全員が Au séjour d'Haruka ! と、さらに「遙香の滞在に」乾杯します。この言い方は À ta santé ! と同じ構文です。

フランス語に「いただきます」はない！？

　日本の家庭では、食卓の礼儀作法の第一段階として、真っ先に「いただきます」と「ごちそうさま」を教わるのではないでしょうか？

　じゃあ、フランス語では何というのか？　これにぴったり相当するような表現はありません。強いて言えば、食べ始める前に言う Bon appétit ! でしょうか…。しかし、こちらは appétit（食欲）のほうに焦点を当てていて、畑で作物を作った人や料理をした人への感謝を含む「いただきます」とは微妙に違います。

　Bon appétit ! は、作った人が「どうぞたくさん召し上がれ」という意味で言うだけでなく、同じテーブルについている人たちがお互いに声をかけあうものです。まったく赤の他人であっても、レストランなどで隣あわせになった時など、相手のテーブルに先に料理が運ばれてきたら、「お先に召し上がれ」というニュアンスで Bon appétit ! と言うこともあります。

食事が終わって席を立つとき、お隣のテーブルがこれから料理に手をつけようとしている場合も同じように Bon appétit ! と言ったりします。今度は「お先に」ではなく「どうぞごゆっくり」のニュアンスですね。見ず知らずの人でも、こうして声をかけあうと、食事が楽しくなりますね。

つまり、美味しい食事の喜びを分かちあう言葉と言えるでしょうか。まさにフランス語の convivialité、「ともに生きる喜びや食を分かちあうことからくる喜び」がそこにあります。

一方、食べ終わった時、「ごちそうさま」に相当する言葉はまったくありません。家庭では、特に言うべき言葉は決まっていません。招待を受けた場合には C'était très bon. Merci ! と言いますが、それも決まっているわけではありません。

こうしてみると、この「ごちそうさま」という日本語はたいへんきれいで、感謝を上手に表現するよい言葉だと思います。日本文化を見直すきっかけにもなりますね。

la malbouffe って、どんな食べ物

飛行機の食事を、フレデリックは la malbouffe de l'avion と言っていますが、これは一般にジャンクフードのようなものを指す表現です。

もともと la bonne bouffe という「フランスの伝統的なバランスのよい美味しい食事」を指す表現があり、昔から使われていました。これに対して、la malbouffe とは 1980 年代に、インスタント食品や化学調味料を使ってまるで工業製品のように作られるファーストフードへの批判として、本のタイトルに使われた造語から一般化します。

フランスには伝統的な食事があり、それが「フレンチ・パラドックス」といわれる「お肉を食べ、ワインも飲んでいるのに心臓疾患が少ない」という健康の秘密を支えてきました。フランスには健康

的な小太りの人はいても、アメリカのように病的な肥満体の人はいないというのが自慢だったのです。

けれども、近年、フランス人の間にも急激に肥満が増えています。残念ながら、ジャンクフードに依存した食生活がフランスにも広がりつつあるということです。メディアは警鐘を鳴らしていますが、この傾向は年々深刻になっています。

さて、この新しい造語を作る際に使われた mal- という接頭辞は、このほかにも malhonnête（不誠実な）、malpoli（行儀の悪い）など、つねに否定的な意味を表します。副詞として使われる mal も同様で、mal compris（誤解している）、mal élevé（育ちの悪い）、mal coiffé（髪の毛が乱れた）などで使われます。

初級で最初に出てくる mal は avoir mal à（〜が痛い＝状態）、se faire mal（痛くする＝動作）というような熟語で、「苦痛」を表す名詞でしたが、それだけでなく、ネガティヴな意味を表すためにいろいろな形で使われます。

「〜として」の意味になる comme の後の名詞には冠詞がつかない

comme	entrée	前菜として
	plat	メインディッシュとして
	dessert	デザートとして

食事の注文に用いられるほかに、例えば買い物に行くときに「何が欲しい？」ときくときにも同様の表現が使えます。

Qu'est-ce que vous voulez comme fleurs / comme parfum ?
花だったら／香水だったら、何がいいですか？

✈ ✈ ✈ 出発前のおさらい ✈ ✈ ✈

✔ 鼻母音はまず「耳」から

　鼻母音は日本語にない音ですから、最初は発音するのがむずかしいでしょう。

　このシーンのジョアナのセリフにある鼻母音の連続 au moins un an qu'on n'en avait pas eu（下線の部分）はよく聞き取れましたか？ コミュニケーションにおいては、まず「相手の言うことを聞き取る」ことが先です。

　そこでまず鼻母音のつづりをおさらいして、つづりと音を一致させます。

　母音字のあとに m と n が来ると、その母音字の発音は鼻母音になります。

[ã]　am　an　em　en
[ɛ̃]　aim　ain　eim　ein　im　in　yn　ym
[wɛ̃]　oin
[jɛ̃]　iem　ien
[ɔ̃]　om　on
[œ̃]　um　un

　次にフランス語のテクストをよく聞いて鼻母音を聞き分ける練習をしましょう。この時、鼻母音を含む単語をひとつひとつ聞いて書き取るのも効果的な方法です。この練習を繰り返すと、自分で発音するときも自然に正確な音が出せるようになってきます。鼻母音攻略法は、何より「耳」の訓練からで、逆の順番では遠回りになります。

✔ このシーンの Situation を読み直す

　少しずつシーンが進んで、未知の状況や新しい場面展開が出てきました。特にこのシーンでは、初めての食事に際してみなさんが体

験するだろうことを中心に解説しています。備えあれば憂いなし。この Situation で説明している内容をよく読んでおくと気持ちにゆとりが生まれると思います。ぜひ、飛行機の中でも読み返してみてください。

Révision

鼻母音 [voyelles nasales]

7 夜にお風呂を使う

　夕食も済み、すっかりくつろいで、遙香からお風呂に入りたいという希望を伝えます。さあ、ルヴァスール家のリアクションはどんな様子でしょう？　日本とフランスでは入浴の習慣も異なります。一家総出で浴室に集まり、遙香は日本の熱いお風呂を紹介します。

Situation

　長い旅の疲れがあり、日本人としては、ここで「ひとっ風呂、熱い湯船につかりたい」ところです。そのほうが元気を回復できますしね。とはいえ、なかなか自分からは言いだしにくいかもしれません。が、ここは思い切って「お風呂に入ってもいいですか？」ときいてみましょう。

　このシーンでジョアナが説明していますが、フランスではむしろ朝、体を清潔にする習慣があります。夜にお風呂を使いたいというと、ピンとこない家庭もあるかもしれません。ステイ先の家族によって反応はいろいろだと思います。それでも、言ってみる価値はあるのです。フランスでは自分から「何をしたいか」を言いださないかぎり、まわりの人が先回りして準備してはくれません。

　ここで重要なのは、「自分がどうしたいか」を明瞭に相手に伝えることです。

と同時に、食事と同様、お風呂文化もまた、日本とフランスでは大きく異なります。フランスにおける入浴の歴史は、フランスの気候風土の中で展開してきたものです。もし、ホストファミリーが日本人を受け入れるのが初めてなのだったら、少し説明してあげる必要もあるでしょう。日本のお風呂文化は「銭湯」をはじめ、「温泉」もあり、なかなかヴァラエティーに富んでいます。

日頃、何気なく使っている「お風呂」ですが、ここでちょっと見直してみるとおもしろいですよ。あなた自身の新たな発見があるかもしれません。

track no. 013, 014

Scène 7 *Bain du soir*

Haruka (H) : Est-ce que je peux prendre un bain, ce soir ?

Olga (O) : (ils sont tous les quatre dans la salle de bains) Oui, bien sûr. Mais est-ce qu'il y a encore de l'eau chaude...

Frédéric (F) : Oh, certainement... Si c'est nécessaire, on peut relancer le chauffe-eau. C'est juste un réglage sur le ballon !

Joanna (J) : (montrant le ballon d'eau chaude pour expliquer à Haruka) En fait, on a plutôt l'habitude de se laver le matin. Alors l'eau est chauffée la nuit au tarif minimum de l'électricité et gardée dans ce ballon.

F : OK, pour l'eau ! Haruka, tu veux "chaud" ou "très chaud" ?

H : D'habitude, c'est 40...

J : 40 degrés ? C'est hyper chaud ! Tu vas cuire !

H : Non, c'est normal, pour les Japonais. Le « o-furo », souvent, c'est plus chaud.

J : (à son père, étonné) Le « o-furo », c'est le bain japonais, papa ! En famille, chacun se lave d'abord à la douche et passe ensuite dans la baignoire. C'est convivial et économique : on partage la même eau.

H : La « mêmô » ? Ah ! La « mê-me eau » ! Je comprends. Oui, c'est vrai, mais maintenant ça dépend, on fait aussi comme vous, le bain avec de la mousse.

O : Je t'ai mis deux serviettes sur le porte-serviette. Ici, le savon, le shampooing. À moins que tu aies tes propres produits.

H : Oui, c'est ça. J'ai un shampooing spécial. C'est pour les cheveux plus gros.

J : (touchant les cheveux de Haruka) Plus gros ? Tu veux dire plus épais ? Ah, c'est vrai ! Maman, regarde : c'est tellement beau, ce noir...

O : Oui, bon, allez, laissez-la tranquille. Tout le monde dehors ! Voilà, Haruka. Prends ton temps.

H : (fait le geste de se sécher les cheveux) Merci. Ah, excusez-moi ! Et pour les cheveux, après ?

O : Ah, dans ce placard, il y a un sèche-cheveux. Tu vois, il y a deux positions, tu essaieras. À tout à l'heure ! Ça va aller ?

H : Oui, très bien. Merci, Madame ! Euh... Merci, Olga !

Expression

si は非現実の仮定ばかりではない

遙香がお風呂に入りたいとなれば、お湯を確保しなければなりません。そこでフレデリックが Si c'est nécessaire, on peut relancer le chauffe-eau. と言います。この場合の si は現在の事実に反する仮定を述べているわけではありません。動詞も直説法現在だけが使われおり、「〜の場合には」というニュアンスになります。

ここの日本語訳は「必要なら」としておきましたが、日本語の場合には「必要だったら」と過去形にしても意味はそう変わりません。むしろ日本語からフランス語に訳すときに、むやみに過去形にしないよう注意が必要かもしれません。

フランス式造語法

省略法はすでに見ましたが、ここに出てくるのは造語法です。le chauffe-eau はお湯を沸かす道具です。日本語で「湯沸し」は「沸かす」という動作が直接目的語の名詞の後に来ます。フランス語では反対

に動詞 chauffer（沸かす）が前に出ます。そして直説法現在 3 人称単数の活用形を使います。名詞とは「-」を介して結びます。

たとえば、このシーンのタオル掛け porte-serviette（porter + serviette）やドライヤー sèche-cheveux（sécher + cheveux）、前のシーンの食器洗い機 lave-vaisselle（laver + vaisselle）、あるいは栓抜き tire-bouchon（tirer + bouchon）etc.

ニューヨークの摩天楼を gratte-ciel というのは「空」ciel を「引っ掻く」gratter くらい高い建物があるからです。これらの「複合語」は複数になっても s がつかない場合（des porte-bonheur お守り）と、つく場合（des porte-bouteilles ワインラック）があります。辞書で確認しましょう。

...l'eau est chauffée la nuit.　受動態の一致をお忘れなく

「être +動詞の過去分詞」が受動態の基本。英語の「be 動詞＋動詞の過去分詞」とそっくりですから、ここまでは「なあんだ、ちょろい」かも…。

フランス語の受動態で忘れてならないのは、過去分詞が主語と性・数一致することです。l'eau は女性名詞なので、過去分詞 chauffé には e がつきます。

さて、ここで思い出しておかねばならないのは、過去分詞の作り方。er 動詞の場合には chauffer → chauffé のように、語尾の er → é に変えてできあがり。そのほかにも特殊な形の過去分詞があります。-ir 動詞は？　avoir は？　mettre は？　connaître は？　初級のテキストで確認しましょう！

フランス深夜電力とお湯の関係

フランスではお得な深夜の電気料金でお湯を沸かし、翌日使う分をバルーンのように大きなタンク le ballon に溜めておく方法があります。その都度沸かすのではなく、溜めたのを少しずつ使ってい

くので、一日の終わりには、このタンクが空っぽということもないではありません。それはタンクの大きさにもよります。もっぱらシャワーだけで、頻繁にお風呂を使う習慣のない家の場合は、タンクが比較的小さい場合があるので要注意です。

このシーンの冒頭でオルガが心配しているのは、遙香がお風呂に使うだけのお湯が残っているかどうかです。もしお湯が必要であれば、フレデリックがしてくれるように、設定を調整してお湯が沸かせるようにすればいいのですが、なかなかそこまではお願いしにくいでしょう。

タンク式の場合には、一日に使える量に限界がありますから、あまりお湯を無駄にしないようにしましょう。

ところで chaud といったら、何度からですか？

「お湯」という独立した単語はないので、基本的には「水」l'eau で、お湯は「熱い水」l'eau chaude という表現になります。これは英語も同じ。問題はこの「熱い」が何度ぐらいかということです。

日本文化のお風呂は「熱い」もの。銭湯でも温泉でも水を足しながら適温にして、真っ赤にゆだるのが日本の湯の醍醐味です。しかし、フランスでは、40度というと、「尋常でなく熱い！」とびっくりします。ジョアナの表現を借りれば hyper chaud！ということになります。そもそも、あまり温度を測ったりしないで、もっぱら体感で適温決めているようなので、40度という数字にびっくりするのかもしれません。

Le « o-furo »　外国語からの借用語は男性名詞です

フランス語はアカデミー・フランセーズがしっかり見張っていますから、外来語は厳しく制限されています。とはいえ、フランスにない文化が入ってくる場合には、そのまま外国語をフランス語として取り込む場合もあります。

＊17世紀にリシュリューによって設立されたアカデミー・フランセーズ Académie française の最初のミッションはフランス語の官製辞書を作ることでした。これは現代においても受け継がれている仕事です。アカデミー・フランセーズの役目は veiller sur la langue française et accomplir des actes de mécénat。ホームページはこちらです。
Académie française　http://www.academie-francaise.fr/

日本語からフランス語として市民権を持つようになった単語で、もっとも有名なのは manga ではないでしょうか。そのほかにも judo, judoka, karaté, karatéka, dojo, kimono, sushi, shiitaké, tofu, etc. 何を指しているかわかりますね。

これらは全部男性名詞として扱われます。

＊manga だけは、a で終わる単語に女性名詞が多いので、女性名詞と考えている人も中にはいますが…。

日本文化を紹介するとき、フランスにないものは、男性名詞として冠詞をつけておきましょう

早口言葉のような機関銃トークにご用心

la même eau が遙香の耳には la « mêmô » に聞こえます。アンシェヌマンという現象が起きて、même と eau がまるで一単語のようにつながって発音されているからです。

être の活用を最初に習った時、3人称単数の il est, elle est はつなげて読みましょうという注意があったのではありませんか？　アンシェヌマンはこのように次に母音で始まる単語がきたら、前の単語の子音とくっついて一つの音になることをいいます。

声に出して読むときには自然につながっていきますから、あまり意識していなかったかもしれません。

けれども中級となると、今度はこれを聞き分けるのが課題になります。特にこの eau のように一音節の単語の場合は、直前の単語と見分けがつきません。

そこで、初級の il est, elle est を習った時のことを思い出してみてください。これらの表現はもう問題なく二つの単語だと聞き取れるでしょう？　特別に意識することすらないと思います。それは何度も何度も繰り返し出てきて、自分で読み、耳で聞いているからですね。

つまり、アンシェヌマンという現象に打ち勝つには、繰り返し耳で聞く、そして自分で声に出して言ってみることが最良の解決策です。このシーンのおさらいのところで、リエゾンと一緒に、聞き取りの練習をしてみましょう。

ça の中身は時によりけり、ça dépend

dépendre de... で、「〜次第である」「〜に依存する」という表現があります。この動詞を使って、会話でよく使われる表現に Ça dépend. があります。

「それは場合による」という意味で、Ça はそこで話題になっている事項です。Ça dépend de... とさらに続ければ、「それは de 以下のものによる」と何に依存するかを具体的に示す時に使います。

à moins que + 接続法

接続法を必要とする表現はすでに見ましたが、これもその一つ。でも、ここは接続法よりも、moins を含む成句の使い方を見ておきましょう。

浴室でオルガがタオルやシャンプー、石鹸を遙香に示した後で、À moins que tu aies tes propres produits. と言っています。

propre には大きく二つの意味があり、ひとつは「固有の」「本来の」（この意味での名詞は propriété）、もうひとつは「清潔な」「きれいな」（この意味での名詞は propreté）を指します。ここでは最初の意味で使われていて、しかも tes propres produits のように所有形容詞とともに名詞の前に置かれた場合には「その人自身の」と

いう意味になり、所有の意味がいっそう強調されます。

具体的には「遙香が自分用としてこだわりを持って使っている石鹸やシャンプー」を指します。こうして日本語で書くと、何だか仰々しいですが、日本語でも「私のシャンプー」「私の石鹸」と言ったら、「専用の」というニュアンスがあるのと同様です。

オルガはそういうものがあるなら別だけれど、そうでないなら、ここにあるものは全部自由に使っていいということを言いたいのですね。つまり遙香が tes propres produits（自分専用の製品）を持っている「という場合を除く」というのが、その前にある à moins que の役割です。そこにひとつ、除外の可能性を示すものです。

辞書などで調べると à moins que は「～しない限り」と否定文にしていることが多いです（実際、日本語としてはそのほうが通りがいいのです）。フランス語でも虚辞の ne が入る場合もあります。

日本語に機械的に置きかえても覚えることはできるのですが、この成句が「今言っていることから、que 以下に述べることを除外する」役割を果たしているのだと理解するほうが、おそらくフランス語のニュアンスがストレートに伝わってくるでしょう。

à moins que は、ne ~ que や sauf que のように、「que 以下を除外する」と考えるとわかりやすくなります。こうした熟語は日本語の成句に置き換えて暗記するよりも、その表現が果たす機能に注目したほうが、ずっと覚えやすいし、自分で使う時も自信を持って言うことができるでしょう。

日本人の髪は gros? それとも épais?

gros という形容詞は女性形が特殊（grosse）なので、初級でも早くから登場します。

Il est gros.（彼は太っている）のように、ボリュームを感じさせる形容詞です。「大きい」といっても grand は縦、gros は横に伸びているわけです。メロンやスイカが大きいというときには gros でな

いと感じがでません。

　この「ボリューム感」から、髪の量が多かったりすることにも使えると思った遙香は les cheveux plus gros と表現したのですが、ジョアナの反応からすると、これはどうもおかしな言い方のようです。ジョアナは épais という形容詞を使って Tu veux dire plus épais ? と言いかえています。

　gros という形容詞は、gros nez（大きな鼻）、gros ventre（太鼓腹）など人体ではネガティヴなイメージを強調します。
　Ne touche pas mon écran avec tes gros doigts !

　直訳すれば「そのでっかい指で私のパソコンのモニターに触らないでよ。」となりますが、実際に指が大きいかどうかは問題ではありません。gros と形容することにより、それがいかにも繊細さに欠ける、脂ぎった指であるかのように強調しているのです。

　しかし、ここが微妙なところで、必ずしもそれが「本気」ではない場合も多いのです…。（日本語でも、家族などの間では、ソファーなどに先に座っている人に詰めてもらうとき、わざと「ちょっとそこの大きなお尻、どけてちょうだい」などとからかって言う場合のニュアンスに一番近いでしょう。この時も本当に大きいと思っているわけではありません。）

　そうしたネガティブ系の形容詞であるため、gros cheveux なんていったら、およそきれいな髪とは思えません。gros では日本語でいう髪が「多い」「ボリュームがある」というニュアンスからかけ離れてしまうのです。この場合はジョアナの言うように épais が最適。

　épais は「(生地が) 厚い」、「(ソースが) 濃厚な」という意味で使われることが多いのですが、髪にも使われるのですね。ほかにも髪に使われる形容詞は sec, gras, normal などがありますが、fin と言ったら、それは褒め言葉です。

ところで、日本人のような髪質はヨーロッパではめずらしい。異質。それだけにエキゾチックで、個性を主張できるポイントなのです。どうかあなたの「緑の黒髪」を大切にしてください。

Ça va だって、未来はある！

　Ça va ? ── Ça va. なら現状確認。Ça va aller. なら aller の近未来を使って、「大丈夫でしょう」「うまくいくでしょう」。va が aller の活用形であることを、すっかり忘れているかもしれませんが…。

Prends ton temps!「どうぞごゆっくり」

　この本もちょうどまんなかへん。ここでちょっとお茶でも？　ついでに友だちにメール。
　Prenez votre temps !　どうぞごゆっくり。

　でも、戻ってきてね。
　À tout à l'heure !　またあとでね！

✈ ✈ ✈ 出発前のおさらい ✈ ✈ ✈

✔ アンシェヌマンが出てきたら、リエゾンも忘れちゃならない

　綴りと音の規則は、初級の最初に必ずでています。そして、もう一つ、大事な発音の規則があったことを思い出しましょう。

　Expressionで見たアンシェヌマンとリエゾンです。で、リエゾンってなんだっけ？

　リエゾンは avoir の活用で、nous avons, vous avez と発音したときの現象。何？　続けて読むってだけで、どこがアンシェヌマンとちがうの…ですと？　やれやれ、リエゾンとアンシェヌマンには大きな違いがあります。

　アンシェヌマンはもともと発音されている音どうしが連結する現象。リエゾンは、本来発音されない語末の子音字が、後ろにつづく単語の先頭にある母音の影響で、発音されるようになり、一つの音節を作る現象です。ふだんは発音されない文字が音として現れてくるのが特徴。

　たとえば、nous も vous も、語末の子音字 s は発音されません。というより、しちゃいけないの！（あなたが 16 世紀のフランス語を勉強しているなら別ですが…）ところが、後ろに avons, avez と母音で始まる単語が来たために、[z] という音になって現れます。

　「ちょっと待って！」何？　また反論がある？　そもそも発音してはいけない文字なのだから、単語を一つ一つ区切って発音したって、相手はわかってくれるんじゃないか…。

　甘い！　それはフランス人を甘く見すぎています。つねにリエゾンするのが習慣になっている場所で、リエゾンされない（音が出てない）と、フランス語として認識されないこともあるのです。

　確かに、近年、くだけた言い方ではリエゾンしないケースも増え

ています。しかし相手にわかってもらえないという悲しい目に会いたくなかったら、リエゾンする。そして何より、相手は「当たり前のように」リエゾンしてくるのですから、アンシェヌマンの時と同様に、しっかり耳で慣れておく必要があります。

次の場合はリエゾンするのがふつうです。
（ ▩ の部分がリエゾンされます）
☞ 1. 冠詞と名詞：des amis les arbres
☞ 2. 主語人称代名詞と動詞：ils ont elles arrivent
☞ 3. C'est のあと：C'est une fleur.
☞ 4. très のあと：très amusant
☞ 5. chez, sans などの前置詞のあと：chez elle sans enfant
☞ 6. tout à l'heure, peut-être などの成句

反対にリエゾンしてはいけないのが et。être の 3 人称 est はリエゾンしますが、et の t は絶対に、決して、何があろうと、読んではいけません。

最後にもうひとつ、エリジオンも思い出しておきましょう。これは je, me, te, se, le, la, de, que, ne, jusque の後ろに、母音字や無音の h で始まる単語がくると、e や a が省かれてアポストロフ「'」に置き換えられる規則です。

je ai	⇨	j'ai
le homme	⇨	l'homme
de un côté	⇨	d'un côté
ne importe		n'importe
jusque à	⇨	jusqu'à

アンシェヌマンもリエゾンもエリジオンも、フランス語の音に関する特性に由来します。つまり、
・できるだけ「子音＋母音」のユニットをつくって安定したい
・母音と母音が連続するのを嫌う

この特性を知っていれば、「あれ？　これでは母音と母音が重

なってしまう」→「おかしいな」と気づくようになります。頭で考えるより先に母音の重なりに違和感を覚えられるようになれば、あなたのフランス語はもう身体感覚のレベルに近づきつつあるといえます。

✔ 音読しよう！　リズムの切れ目が意味の切れ目

　そうはいっても、やれアンシェヌマンだ、やれリエゾンだと、単語と単語がこうくっついてしまっては、耳で聞いたときどうやってそれぞれの意味を識別したらいいの？

　ごもっともな質問です。ところで、こちらからもちょっと質問。あなたは日本語を聞いているときに、ひとつひとつの単語を聞き分けていますか？

　たとえば天気予報で「明日の関東地方は雨のち晴れでしょう」と言ったとします。これを音で聞いたときに「明日」「の」「関東」「地方」「は」とひとつひとつ分解していますか？「明日の関東地方は」「雨のち晴れでしょう」と大きく分けてふたつのブロックで聞いているのではないでしょうか？　自分で声に出して確かめてみてください。

　「明日」から「でしょう」まで一気に言おうと思えば言えますが、かならず「関東地方は」のあとに小さな間が入るはずです。今度は「明日の関東」「地方は雨」「のち晴れでしょう」と区切ってみましょう。意味の流れが少し変化してきませんか？　いろいろな区切り方を実験して意味の変化を観察してください。そうすると一番自然な意味に「聞こえてくる」のは、最初の切り方だということが納得できるはずです。

　私たちは話す時も聞く時も、単語の一つ一つを個別に受け渡しているわけではありません。私たちはいくつかの単語をグループで認識し、理解しているのです。DVDに不具合があったり、YouTubeの音声がしばしば途切れたりすると、聞きにくいだけでなく意味もよくわからなくなるのはそのせいです。これは日本語でもフランス

語でも同じ。たとえば次のフランス語の文章を読んでみましょう。

① Il pleuvra demain matin en Île-de-France.
　　イル・ド・フランス地方は明日の朝雨が降るでしょう。

これも大きく２つのブロックに分かれます。
② Il pleuvra demain matin //en Île-de-France.

もう一か所区切りを入れるとしたら、どこになりますか？　②に入れてみましょう。

Il pleuvra と demain matin の間に入れた人、正解です。
③ Il pleuvra //demain matin //en Île-de-France.

これらの三つのブロックは、並べ替えても、それぞれ自分の担っている意味を損なうことがありません。つまりある程度、自立しているのです。
④ |demain matin| |en Île-de-France| |Il pleuvra|

さて、今度は適当にばらばらに区切ってみます。
⑤ |Il| |pleuvra demain| |matin en Île| |-de-France|

そしてシャッフルする。
⑥ |-de France| |pleuvra demain| |Il| |matin en Île|

まるで暗号です。

もう何が何だかわからない…。

言葉の意味は一個一個の単語のレベルではなく、いくつかの単語のまとまりで形成されています。そのグループが壊されない限り、順番を入れ替えてもなんとか解読することができます。（④ |demain matin| |en Île-de-France| |Il pleuvra|）

けれども、そのグループを壊してしまうと、わからなくなってし

まう。(⑥ -de-France pleuvra demain Il matin en Île) 理解するには、もう一度意味のグループを見つけ出す必要があります。

　順番を崩さなくても、そのグループが壊れていると、やはりわかりにくい。(⑤ Il pleuvra demain matin en Île -de-France)

　声に出した時、⑤のような読み方をしていませんか？

　その人がどれくらいフランス語の能力があるかをみるのに、初見のテクストを読んでもらうことがあります。意味の区切れできちんと切れていれば、その人はフランス語に慣れている人です。

　では、どうしたら、そんな風に読めるようになるのでしょう。辞書を引いて、まず最初に意味を調べる？　そんな必要はありません。じつは、テクストの中に意味の区切れはリズムの区切れとして書き込まれているのです。ちょうど楽譜のように、テクストにはリズムが織り込まれている。フランス語特有の、意味を作るためのリズムです。

　問題はこれをどう自分のものにするかということ。それには毎日毎日、フランス語のテクストを声に出して読むことです。訳さずに、ただひたすら読み続ける。自分の身体を使って、フランス語のテクストを音として再生する必要があります。なぜなら、リズムというのは身体に刻まれるものだから。身体にそれを記憶させる。

　インプット（読むこと）とアウトプット（声に出すこと）を繰り返すことによって、じょじょにリズムを文字通り身につけていくわけです。

　練習には次の三つをこころがけてください。

その1　まず音読。量を読む。

　何を読んでいいかわからない人はペローのおとぎ話集を声に出して読んでみましょう。17世紀の美しい散文ですが、そもそもペローは「声に出して読まれること」を前提にこのおとぎ話を書いて

います。アレクサンドル・デュマの『三銃士』などもセリフが多く、じつは読みやすくできています。しかも分厚いですから、読み終わった時の達成感も味わえます。

くれぐれも、読んでいる途中で意味を調べようなどと思ってはいけません。読むときは数ページ、ぶっ通しで読んでください。

その2　平叙文はタ、タ、タ、タ、ターンのリズムに乗って。

最後の「.」に行くまでに、長ければいくつかに区切る必要があります。そのとき、区切る直前の母音をしっかり発音して、しり上がりに声を高くします。

タ、タ、タ、タ、ターン↗　タ、タ、タ、タ、ターン↗　タ、タ、タ、タ、ターン↗

これは話す時も聞くときも同じで、しり上がりの音は、さらに文章が続いていくサインになります。

最後の「.」へ来たら、ここで声を低くします。つまり…タ、タ、タ、タ、ターン↘

その3　朗読やニュースを聴く

といっても、漫然とバックグラウンドで流しているだけではまったく効果がありません。毎日聞いている音楽の英語の歌詞を覚えている人がどれだけいるでしょう？　聞くだけで覚えられるというのは、理想ではあっても現実ではないのです。

では、どのように聞くのか？　ひたすら耳を傾けて、どこで区切っているのかに注意してください。耳を澄まし「あ、切れた」「切れたね」「切れてる？」「切れた」…

いきなり朗読やニュースではキビシイという人は、手元の参考書のCD（封を切っていないかも?!）を引っ張り出して、聞きながらテクストの切れ目に印をつけるところから始めてもいいでしょう。

そしてできたら、小さな意味の単位を音としてそのまま再現し

ます。少しずつ機械的に、聞こえたとおりに声に出して言ってみる。この時も、意味を日本語で考えてはいけません。日本語は頭から追い出してください。

　3か月、6か月と継続していくと、気がつくはずです。解釈しようと、黙ってテクストを読んでいるときに、以前よりずっと速いスピードで意味が頭に入ってくる。リズム段落が取れるようになると、読んで理解する速度も速くなります。ダマされたと思って、やってみてください。必ず変化があるはずです。

　ただし、ある程度の量を読みこなすことが必要です。そしてバレエ・ダンサーのように、身体の訓練は一日一日の積み重ね。効果を維持するためには、音読を習慣として続けることも大切です。

　努力は必要ですが、聞いてフランス語のリズム段落が取れ、読んでリズム段落を間違わないようになれば、あなたの前には、フランス語の意味の世界が無限に広がる。未知の体験や冒険がたくさん待っていますよ。

Révision

アンシェヌマン [enchaînement]
リエゾン [liaison]
エリジオン [élision]
音読する [lire à haute voix]

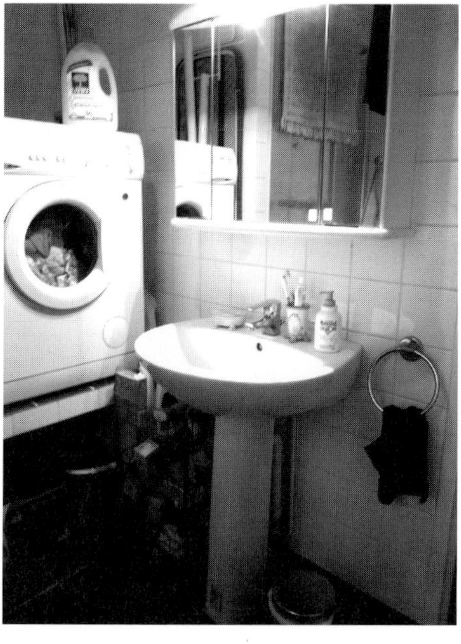

⑧ パス・ナヴィゴ
【地下鉄の駅へ向かいながら】

　家の中でもいろいろなことが起きますが、今度はジョアナに案内されて、遙香が外へ出ます。雨が降っているので、今日は地下鉄に乗って大学まで行くことになりました。まず切符を買わなければなりません。パリの地下鉄の駅での会話です。

Situation

　ステイ先に落ち着いて、「居場所」を作ったら、今度は積極的に外へ出ていきましょう。といっても、初めてのフランス滞在では、外出といってもいろいろと不安が…。

　まず、地図を確保して、歩きましょう。歩くというのは、おそらく人間が移動しながら物事を認識できる速度として、最適なのではないでしょうか？　それ以上の速さでは、気づかないうちに通り過ぎてしまうものもあります。ステイ先の周辺を散策…。パン屋さんやお肉屋さんや、チーズ屋さんや本屋さん、花屋さんの店先ではいい香りを吸いこんで、また歩く。

　パリはおよそ東京の山手線の内側に入ってしまう大きさと言われます。緩やかな起伏しかないので、十分にどこでも歩いて回れます。

とはいえ、このシーンのように雨が降ったり、急いでいたりすれば、公共の交通機関を利用することになります。こうした交通網は、日本でも各都市がそれぞれ違うシステムをもっているように、フランスでも都市によって異なります。

パリでは地下鉄とバスが便利ですが、エコなトラム tram（路面電車）も最近、復活しました。みなさんが滞在する町にはどんな乗り物があるでしょう…。

乗り物は料金体系や切符の買い方が複雑です。日本では 2001 年に、軽くタッチするだけで改札を通過でき、何度もチャージして使える Suica（JR 東日本）が登場して以来、ICOCA（JR 西日本）、TOICA（JR 東海）…と拡大し、別のカードとの相互利用も可能になって、もういちいち切符を買う必要がありません。

フランスはいつも新しいシステムの導入で一歩出遅れる傾向があり、本文で紹介されている Passe Navigo がパリのあるイル＝ド＝フランス地方の交通網に登場するのは 2005 年からです。けれども地下鉄やバスなどだけでなく、ヴェリブ Vélib' というパリ市内の貸自転車システムと相互利用を開始するなど、日本とは異なる展開で利用範囲を拡大しています。

http://www.tramway.paris.fr/

http://www.velib.paris.fr/

Passe Navigo が日本の IC カードシステムと異なる点は、一度チャージすれば有効期間中乗り放題。太っ腹です！　日本のようにちまちま課金されません。そもそもパリの地下鉄料金は距離に関

係なく、均一。乗り換えも自由です。これは14路線ある地下鉄が全部 RATP（パリ市交通営団）のもので、日本のように複数の会社が乗り入れているわけではないからでしょう（後述するようにフランス国鉄 SNCF の首都圏高速鉄道網 RER が乗り入れていますが、パリ市内は共通料金です）。

ところで、このように便利なシステムで機械化が進んできたため、地下鉄の駅には係員がほとんどいません。合理化のためにどんどん人を減らしていることもあり、出口によってはまったくの無人。しかもこの機械はフランス語しか通じません。支払いはカードか現金、高額紙幣はダメ…等々、なかなか気むずかしいのです。

たとえば地下鉄サン・ミッシェル駅のセーヌ河岸出口では、2台しかない機械のまわりで、毎日観光客がささやかな人生の悲喜劇を繰り返しています。手をつないでやってきたカップルが、何度もやり直しているうちに、いらだって、たいていは大声でののしりあいを始めるのです。たかが切符一枚、されど…、パリの地下鉄を甘く見てはいけません。新婚旅行でパリに行くのはやめたほうがいいかもと真剣に考えさせられる風景です（しかし、パリで人間観察したい人にはお勧めのスポットだと思います）。

それはさておき、Passe Navigo があれば、改札もスイスイ。最初の手続きは、窓口のこまない時間を見計らって、遙香のように家族の誰かについて来てもらうといいでしょう。

このシーンは、遙香とジョアナ、同世代の女の子がテンポのいい会話を見せてくれます。初めての外出、さあ、行きますよ！

Scène 8 *Le Passe Navigo (en allant à la station de métro)*

Huit heures du matin, il pleut. Haruka et Joanna vont vers l'entrée du métro.

Joanna (J) : Quand il fait beau, on va à la fac à pied. Ça prend un quart d'heure. Mais aujourd'hui, on va prendre le métro !

Haruka (H) : C'est direct ?

J : Non, il faut changer à Jussieu. Tu veux un passe Navigo ou juste avoir des tickets pour prendre le métro de temps en temps ?

H : C'est quoi un "passe Navigo" ?

J : C'est un forfait, une sorte d'abonnement, par exemple pour un mois. Et tu voyages autant que tu veux dans une certaine zone.

H : (surprise de comprendre) Un forfait... Ça veut dire que je paye une fois par mois et après je prends le métro comme je veux ? C'est incroyable !

J : Exactement ! Pour découvrir Paris, c'est super ! Il n'y a pas de forfaits comme ça, au Japon ?

H : Non, pas du tout ! On peut avoir une carte, comme la Suica à Tokyo, pour passer facilement dans le métro ou le JR, mais on paye pour chaque voyage. Et ça coûte cher !...

J : Bon, je crois que tu veux un passe Navigo... (Au guichet de la RATP) Bonjour, Monsieur, c'est pour un passe Navigo...

L'employé RATP : Oui, Mesdemoiselles. Pour la première demande, vous devez remplir ce formulaire. Et vous recevrez le passe par courrier.

J : Mince ! On aurait pu le faire par Internet. Monsieur, je crois qu'il y a le passe "Navigo Découverte" qu'on peut avoir tout de suite, non ?

L'employé : Oui, tout à fait. Ça fait 5 euros pour la carte. Mais il faut avoir une photo d'identité... Vous en avez une, mademoiselle ?

H : Oui, justement ! On m'a dit qu'il faut toujours en avoir.

J : Oh, super ! Comme tu es prévoyante ! Et tu vas le charger pour le mois ?

L'employé : Voilà, mademoiselle. Pour le mois, si c'est pour les zones 1 et 2, ça fait 60,40 euros.

H : C'est ça, Joanna, les zones 1 et 2 ? (Sur le signe positif de Joanna, elle

fait l'appoint en liquide.) Voilà, Monsieur.
L'employé : Tenez, Mademoiselle, voici votre passe chargé. Et voici votre reçu. Bonne journée.
Haruka et Joanna : Merci, vous aussi...

Expression

prendre は使える動詞！！

　乗り物と言えば所要時間。最初に出てくる Ça prend... は「時間がどのくらいかかるか」の表現です。

Ça prend	une heure.　1時間かかります
	une demi-heure.　30分
	un quart d'heure.　15分
	cinq minutes.　5分
	moins d'une demi-heure.　30分はかかりません
	du temps.　時間がかかります

　それでは利用する交通手段はというと、ここでも prendre を使います。地下鉄もバスも電車も船も飛行機も全部 prendre。乗り物には定冠詞をつけて言います。

　　On va prendre [le métro / l'autobus / le train / le bateau / l'avion.]

> 　ところで乗り物のなかでタクシーだけが prendre un taxi と不定冠詞をつけます。これはなぜでしょう。
> 　タクシーを除いては、路線が決まっており、時刻表があります。その時、その場所で乗る地下鉄もバスも偶然ではないのです。けれどもタクシーは街中を「流し」ているもの。フランスの「タクシー乗り場」であなたを待っているのは、偶然そこにいた一台なのです。

　所要時間も乗り物も prendre を使って言えますね。prendre は便利な動詞で、このほかにもいろいろな動作に使えます。思い出して

おきましょう。

非人称ilと3人称

　3人称単数のilはある特定の動詞と一緒に、あるいは決まった表現の中で、形式的な主語として用いられます。英語のitの用法に近い働きです。初級で学習した成句的表現を思い出してみましょう。

　ところで、英語のitは「人」を指すのに使われないのに対し、フランス語の3人称単数il, elleは「人」と「もの」の両方を指すことができます。このフランス語の3人称の働きから、言葉を使ったコミュニケーションの不思議が見えてきます。

　コミュニケーションの場にはje（「私は」と言って話をする人）とtu（聞く人）が必要です。言いかえると、誰かがjeと言って話し始める度に、コミュニケーションの場が開かれていくわけです。「聞く人」が今度はjeと言って話すこともできるので、jeとtuの関係は、相互に入れ替わることが可能です。

　ilあるいはelleは、そのコミュニケーションの場にはいない「人」や「もの」を指します。Qu'est-ce que tu en penses ? と言ったら「あなたはそれについてどう思いますか？」で、相手への直接的な質問になります。けれどもQu'est-ce qu'il (elle) en pense ? と言ったら、il (elle) はその場にはいない人です。物理的にその人がそこにいたとしても、その場にはいないものとみなされています。その意味で、3人称で語られる人は、言葉を話さない「もの」と同じで、コミュニケーションから除外されているのだ、ということもできます。

料金体系に関する語彙

　forfait（一括前払い料金）に遙香は興奮しています。言いかえれば乗り放題。日本語の「込み込み」に相当するこの表現は、地下鉄だけでなく携帯電話、あるいはインターネットの料金体系にも使われています。

いずれも abonnement（加入契約）が必要です。こちらの単語はもっと広い範囲で用いられ、新聞や雑誌の予約購読や駐車場、プール、劇場、映画館、スポーツクラブなど、「加入申し込み」の手続きがあるものにはだいたい使われています。

　パリの地下鉄やバスの語彙として、zone が用いられていますが、これは料金体系が日本のように一駅ごとでなく、1 から 5 まで同心円状に広がるようになっているからです。パリ周辺なら 1 と 2 の範囲内で十分。遙香が Passe Navigo を買うとき、駅員さんは pour les zones 1 et 2 と言っていますが、これはパリ市内の利用を念頭に置いているからです。

　RATP（パリ市交通営団）の地下鉄路線には、SNCF（フランス国鉄）の RER が乗り入れています。パリ市内であれば RER も同じ地下鉄の切符で乗れますが、それを超える zone まで行くときは要注意。出口清算システムがないのがフランス式なので、最初から RER の目的地まで切符を買っておきましょう。車内でも基本的には清算はできないと思っていたほうがよいでしょう。

　切符といっても地下鉄、バスの場合は ticket。列車や飛行機、コンサートや演劇などは billet を使います。ticket と billet のちがいは微妙ですが、ticket は billet よりも小さいけれど、ちょっと厚めの紙で、その場で使い捨て。billet は少し大きくて、普通の紙くらいの厚さで、予約した情報（たとえば列車番号、座席など）が記載されています。billet はお札のことも指しますので、印刷されている情報量が多いとも言えるでしょう。

ところで euro 表示ってどう読むの…

　地下鉄の切符、un ticket の料金は 1,60 euro です。読み方は un euro soixante。小数点「,」のところで切って、そこに euro(s) を入れ、あとは数字だけ。

> フランス語の小数点は「,」です。「.」の場合は大きな数字、たとえば 10.000（1万）のように使われます。日本語とは反対ですから、要注意です。

　1 euro = 100 centimes ですから、un euro soixante centimes と言ってもいいのですが、長いので centimes は省略しちゃいます。反対に 1 euro 未満の場合には、centime をつけます。たとえば 0,75 euro と表示されていたら、soixante-quinze centimes と読んでください。

　一か月も滞在しない場合には carnet（回数券）がおすすめです。un carnet = 10 tickets で 11,60 euros（onze euros soixante）。ちょっとお得。それに、たまたま機械の不具合にあたってしまって（フランスではそういうことはしばしば頻繁に起こります）、切符が買えないなんてことになったら、涙が出てしまいます。余ってもいいから回数券を買っておく。そして残ったら誰かにプレゼントする。絶対、喜ばれます。

　切符の値段はフランス観光開発機構のウェブサイト（日本語）に載っています。

　http://jp.franceguide.com
「テーマ別の旅」→「おもな都市」→「パリ」→「パリ市の交通」で、料金やシステムに変更がないか出発前に確認してみましょう。

　さて、遙香の支払った Passe Navigo の料金は 60,40 euros。なんて読むか、もう言えますね。

パリ市内でも voyager?

　Et tu voyages autant que tu veux dans une certaine zone. あれ？ これパリの地下鉄の話ですよね。voyager って「旅行」なんじゃないんですか？　大げさだなぁ…。

じつは、動詞の voyager も 名詞の voyage も、荷物の輸送の行程を指すこともできます。

On a fait trois voyages pour tout déménager.
全部移動させるのに 3 往復した。

「往復」の意味で aller-retour を使ってもいいのですが、voyage を使ったほうが距離のニュアンスがでます。

そこで交通機関では forfait の説明などで voyager / voyage を使い、あたかも「たくさん使える」ということをアピールしています。

ジョアナはこの動詞をさらに autant que tu veux（好きなだけ）という表現で強めています。

Passe Navigo には 2 種類ある

Passe Navigo を申し込もうとすると、駅員さんが説明してくれます。

Pour la première demande, vous devez remplir ce formulaire. Et vous recevrez le passe par courrier.

手順として、初めて申し込む場合（pour la première demande）
・remplir le formulaire　申込書に記入する
・recevoir par courrier　郵便で受け取る
必要があります。

これは、最初に申し込むときパスは無料でもらえるからです。この申し込みには「郵便で受け取る」ことのできる住所がなければなりません。つまり Passe Navigo は基本的に居住者用のパスなのです。

遙香が申し込む Passe Navigo découverte は非居住者用で、窓口でそのまま受け取ることができます。それにはカード料として 5 euros を負担しなければなりませんが、顔写真さえあれば、すぐに作ってもらえます。

Passe Navigo については、以下のサイトをごらんください。
https://www.navigo.fr/pages/accueil.html#a

la Suica

　外来語は「男性名詞」と説明したにもかかわらず、もう例外？ Suica は日本のものだから、男性名詞でしょう？！

　と、小鼻を膨らませたあなた、えらい！　よく覚えていてくれました。外来語は le judo, le sushi, le manga... のはずでした。けれども Suica はこれらの普通名詞とちがい、固有名詞なのです。そしてカテゴリーとしては la carte に分類されます。
　Suica, c'est une carte de transport.

　だから la Suica。

　では JR はなぜ le JR ？　これは鉄道 le train の会社だからです。

Mince ! は Merde ! の 100 倍お上品

　　Passe Navigo はウエッブサイトから申し込みができるのですが、ジョアナはそれを忘れていました。そこで Mince !「落胆」「驚愕」「驚嘆」などを表す表現です。Mince, alors ! ということも。

　　Scène 4 で「勉強」した merde...。これは使う場所を間違えると顰蹙ものですが、Mince ! なら、誰の前で言っても問題ありません。「ゲゲっ！」と言いたいときにも、少々品よく「アラ！」「まあ、いやだ！」「どうしよう！」くらいにとどめておくなら、こっちです。

　Mince, alors !

後悔は先に立たず、だから条件法も過去形で On aurait pu…

　「インターネットで申し込んでおけばよかった！」ジョアナの後悔は pouvoir を条件法過去にして表現されます。

On aurait pu le faire par Internet.
インターネットでそれができたんだ（けど、しなかった）。

実際に「しなかった」のはジョアナですが、ここで J'aurais pu と、je を主語にして言うとあたかも「全責任を自分ひとりで負っている」かのようで、深刻になりすぎます。言いかえると C'est de ma faute.（私が間違っていた。）ですから。けれども on を使い On aurait pu... と言えば、「過去の時点で誰もがそれをすることができたのだ」ということを、思い出すと同時に後悔している表現になります。

ホームステイ中に、しばしば耳にするのは、次のような表現です。
On aurait pu travailler plus le français avant de partir du Japon.
日本を出発する前に、フランス語をもっと勉強しておくんだった。

だから、今のうちに、勉強してください！

伝聞にもいろいろあって…

証明写真 une photo d'identité が必要とわかった時、遙香はちょうど一枚持っていました。それは On m'a dit qu'il faut toujours en avoir.（いつもいくつか持っているようにと言われた）から。en が証明写真を指していることは、もうおわかりですね。

ここで覚えておきたい表現は On m'a dit que...。もうひとつ伝聞の表現に On dit que... がありました。どう違うのでしょう。

On dit que... の場合、「一般に人々が言っている」という意味で、どこで誰がいっているかは、まったく問題にしていません。そういうこと（つまり、que 以下）が言われているということが重要です。
On dit qu'il faut remplir ce formulaire.
この申込書に記入しないといけないそうだ。

一方、On m'a dit que... もそれを言った人は On dit que... と同様に明示されないのですが、me があることによって、誰か「私に」そう言った人がいることが具体的になります。その情報の発信源

が On dit que... と言った場合より、「私」のそばにいることが、より明確に示されるわけです。

On m'a dit qu'il faut remplir ce formulaire.
この申込書に記入しないといけないんだって言われた。

聞き手の me によって、話し手の存在が暗示されます。つまり、もっと知りたかったら Qui t'a dit ça ? と聞き返すことによって、その情報源には確実に到達できるはずなのです。

これは日本語で「〜と言われた」という表現にほぼ一致します。そこで、大学の事務でこう言われた、お店の人はこう言っていた、図書館ではこう言っているなど、係の人や売り場の人から聞いたことを言うのに便利です。

お釣りの数え方が逆？

日本ではお釣りは渡したお金から支払うべき額を引いた残りで返されるのがふつう。ところが、フランスでは 60 euros の買い物に 100 euros 札を出したとすると、お釣りを返す時には支払い金額の 60 euros に足す形で、70、80、90、100 とお札を数えていって、10 euros 札 4 枚とか、20 euros 札 2 枚とか（ほかの組み合わせもあり）を渡してくれることがあります。

遙香はここでお釣りがでないように、現金をきっちり数え（elle fait l'appoint en liquide.）払っています。en liquide は現金払いのこと。ここでクレジットカードを使うなら elle paye [avec la / avec sa / par] carte de crédit となります。

お札は大きく数字が書いてあり、色も違うので見分けやすいのですが、問題はコイン。これは色で区別することに慣れましょう。

1 euro と 2 euros は銀色と金色の 2 色の組み合わせ。

10, 20, 50 centimes は金色。

1, 2, 5 centimes は銅色。

おおざっぱにこういうのは、じつは euro の裏の図柄が、参加各国によって違うからです。フランス造幣局のサイトでは各国のデザインがわかります。

http://www.monnaiedeparis.fr/fonds_doc/valeur.htm

集めている人もいて、コレクター用サイトでは、euro に値段がついています。記念コインは価格が上がっているようです。

http://www.philatelie72.com/euro/accueil_euro.htm

ちなみにフランスの場合は裏が「木」と共和国の象徴「マリアンヌ」の像です。

1, 2 euros	10, 20, 50 centimes	1, 2, 5 centimes
木	マリアンヌ（立像）	マリアンヌ（顔）

Au revoir ! だけじゃ、ダメなの？

地下鉄の窓口であろうと、スーパーのお姉さんだろうと、パン屋のおばさんだろうと、八百屋のお兄さんだろうと、お金を払った後に Au revoir ! だけじゃない、時によってはなにやら長〜い「◎

☆♩★◇♀☀♣✕☎○♂」がつくこともあります。あれはいったい何かというと…。

いうなれば「ごきげんよう」のヴァリエーション。日本語の「どうも」よりはるかに長文です。これはお店屋さんだけでなく、普通に使われます。Au revoir, monsieur / madame / mademoiselle. の後に、さらっとつけ加える。

ここでは Bonne journée ! と短く言っていますが、これが一番簡単。で、とりあえず朝から晩まで使えます。ただし日中。

午後に入ると　　Bonne après-midi !
夕方からは　　　Bonne soirée !
夜も更ければ　　Bonne nuit !

特にパン屋さんやお総菜屋さんで耳にする「◎☆♩★◇♀☀♣✕♂☎○」は、

お昼が近づくと　　　　　　　Bonne fin de matinée !
午後も3時を過ぎるころから　　Bonne fin d'après-midi !
夕方も遅くなると　　　　　　Bonne fin de soirée !

と、長いヴァージョンも多用される傾向があります。支払って帰ろうとしているところに、後ろから早口でペラペラペラと言葉が追いかけてくるものですから、「まだ何かあったっけ？」と立ち止まってしまいます。そんなときは慌てずに Merci, vous aussi ! と返します。

✈✈✈ 出発前のおさらい ✈✈✈

✔prendre の活用のおさらいは必須

Expression で見たように、初級で出てきた prendre はいろんな意味に使えます。基本的には日本語の「とる」だと覚えておけばいいのですが、「とる」を漢字で書くといろいろな意味になるように（「取る」「撮る」「採る」「捕る」「執る」「摂る」「獲る」「盗る」「録る」…）、prendre も変化します。

 prendre les armes 武器を取る
 prendre une photo 写真を撮る
 prendre *qn* comme secrétaire 秘書として〜を採用する
 prendre du poisson 魚を採る
 prendre la direction d'une société 会社経営の指揮を執る
 prendre le dîner 夕食を取る（摂取する）
 prendre de l'argent à *qn* 〜からお金を盗る
 prendre des notes ノートを取る（記録する）

> *qn* は quelqu'un の略で「人」の意味です。ついでに *qc* は quelque chose の略で「もの」です。動詞や成句を書くときに便利な省略ですね。

このようにいろいろな意味に使える動詞は使いまわしがききます。活用をしっかり覚えておきましょう。なに？　自信がある？　では、ちょっとここで、直説法現在を口頭で言ってみてください。

je prends / tu prends / il prend / nous prenons / vous prenez / ils prennent

次は、命令法、単純未来、複合過去、半過去…、OK ですか？

汎用性の高い不規則変化動詞には、他にどんな動詞があるか、探してみてください。そして、まず直説法現在で活用してみましょう。
 être、avoir、faire、mettre...

✔ 非人称 il を使う表現

ここに出てくるお天気の表現 Il fait beau. 反対は mauvais のほかにも非人称主語 il を使う表現がいくつかあります。思い出せますか？　書き出してみましょう。

Il _____.
Il _____.
Il _____.

たとえば、暑い、寒いなどの気候については
Il fait chaud / froid.
一般的な動詞 faire を使っています。
一方、「雨や雪が降る」という場合には
Il pleut.
Il neige.
と言いますが、これらは pleuvoir（雨が降る）、neiger（雪が降る）という非人称の il しか主語に立てられない動詞が使われています。同様の非人称動詞には il faut que... の falloir もあります。また「ある」という表現 il y a... は avoir を使っていますね。

非人称主語 il しか取れない動詞と一般の動詞で非人称にも使えるものと２つあることに注意して、初級に出てきた表現を暗記しておきましょう。

✔ autant

Scène 2 で比較表現 **plus / aussi / moins** ~ que を勉強しました。autant も同等比較「同じだけ～」の副詞なので aussi と近いのですが、意味に違いがあります。aussi は「状態」で、autant の場合はむしろ「分量」を問題にします。

そこで「同じくらいたくさん」という「量」の意味で動詞を修飾しようとする場合には autant を使います。
Haruka travaille autant que Joanna.
遙香はジョアナと同じくらい（たくさん）勉強します。

× Haruka travaille aussi que Joanna.

aussi を使うには、Haruka travaille beaucoup. Joanna aussi. と言いかえなければなりません。

また名詞的な用法「autant de ＋無冠詞名詞 que 比較の対象」（〜と同じくらいの量の、同じ数の）という表現も aussi と入れ替えることはできません。

J'ai autant de CD que toi.
私はあなたと同じくらい CD を持っています。
× J'ai aussi de CD que toi.

ほかにも autant を使った表現はたくさんあります。
　　autant que possible できる限り
　　d'autant [plus /moins] que...　〜であるだけ [いっそう / 少なく]
　　pour autant　だからといって

辞書で例文を見てみましょう。

Révision

不規則変化動詞 [verbe irrégulier]
非人称代名詞の il [pronom impersonnel]
非人称動詞 [verbe impersonnel]

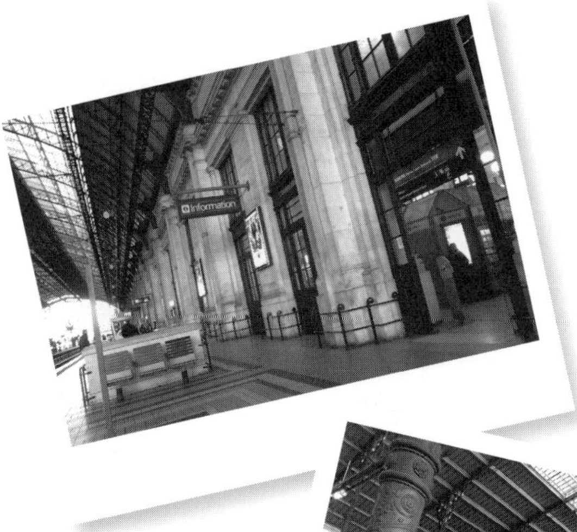
Information

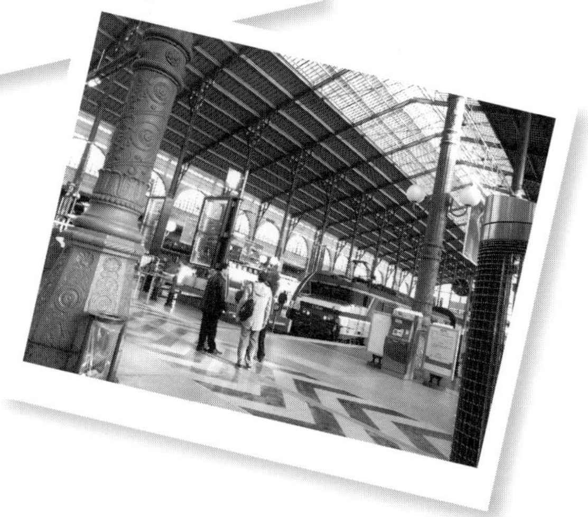

⑨ 夕ご飯の買い物

　ガイドブックにはブティックへ行ってセーターを買う、靴を買うなどの場面を設定し、サイズを探したり試着に必要な最低限の語彙が載っています。会話の参考書にはもう少し詳しい表現があるでしょう。それらの表現は店員さんとの会話を想定しています。ここでは、家族で買い物をするときのごくありふれた情景を再現してみました。

Situation

　遙香とジョアナは、スーパーマーケットにやって来ます。オルガは後から合流することになっています。生活している以上、どこかでかならず、日用品や食料品を買ったりしなければなりません。

　有名なブランドのお店ならガイドブックに書いてあります。けれども、日常のこまごました買い物には、ステイ先の家族が頼りになります。一緒に来てくださいと頼むこともできるし、このシーンのようにふだんの買い物について行って、自分の買いたいものを探すこともできます。

　フランスでの日用品の買い方には、3通りあります。ひとつは hypermarché 巨大なスーパーマーケットへ車で行く。あるいは、近くにある商店やスーパー supermarché を使う。そして週に何度か開かれるマルシェ marché で買う。

マルシェは特に生鮮食品を買うのに適しています。有機栽培農家が産直で持ってくる場合も多く、野菜は絶対に marché の誰々から買うと決めている家庭もあります。

遙香のステイ先は、5区のリュ・モンジュ Rue Monge に近いのですが、このあたりにはリュ・ムフタール Rue Mouffetard という有名な通りがあり、スーパーもあれば、パン屋さん、お肉屋さん、魚屋さん、八百屋さん、チーズ屋さん、イタリア食品の専門店、チョコレート屋、化粧品店、靴屋、雑貨屋、アクセサリー屋…といろいろそろっていて、レストランもたくさんあり、昼も夜もたいへんにぎやかな一角です。パリジャンの生活をのぞきに観光客も集まってきます。

パリのスーパーマーケットといえばモノプリ Monoprix。郊外の大型店が主流だったカルフール Carrefour も最近ではパリ市内に小さくてコンパクトなお店を出しています。歴史的な建築の間に、小さなスーパーが違和感なく溶け込んでいる、それがパリの風景でもあります。

モノプリ　http://www.monoprix.fr/
カルフール　http://www.carrefour.fr/

こうしたサイトで見ると物価がよくわかります。日本に比べて安いものもあれば、日本のほうが安いものもあります。

フランスでは法律で、長らく日曜日にはお店を開いてはいけないという決まりがありました。ないとみんなが困るものを扱うお店に限り、一区域に何軒かが許可を得て日曜日も営業していたのです。たとえば、パン屋とか、薬局とか…。

サルコジ政権の規制緩和で、この法律は一部変わりました。しかし、夜間や休日の出勤には、より多く給料を支払わなければなりま

せんので、日曜日はいままでどおり閉まっているお店のほうが多いのです。

休むときには休む。これがフランスの基本スタイル。というわけで、24時間営業のコンビニなんてものもありません。そのかわりにアラブ人の食料品屋さんが夜遅くまで営業していて、日曜日も開いています。日曜日に休むという考え方はもともとキリスト教文化によるものでもあります。

アラブ人の食料品屋さんは本当によく働きます。でも、ここに置いてあるのは野菜や調味料や牛乳など日常的な食品と日用雑貨だけ。日本のコンビニのようにコピー機やATMがあるわけではありません。公共料金の支払い？　とんでもない！　こう考えると日本のコンビニって本当に便利なものだとあらためて思います。

けれども、たいていのホームステイ体験者が、コンビニがなくてもまったく不便じゃなかったと感じています。お店が休みの日曜日には公園を散歩したり、友人の家に招待されたり、招いたり、家の手入れをしたりと…やることがじつはいっぱいあるのです。慣れてみるとこういう静かな日曜日もいいものですよ。

Scène 9　*Courses pour le dîner*

Après le premier jour des cours, pour Haruka, elle et Joanna vont au supermarché du quartier, rue Monge.

Joanna (J) : Est-ce que tu as besoin d'acheter quelque chose, Haruka ? En attendant que maman nous rejoigne...

Haruka (H) : Euh... Je voudrais faire un peu de cuisine japonaise, pour vous faire goûter. Et puis, il faut quelque chose pour retirer le cosmétique.

J : Ah, tu veux dire un démaquillant. Alors, on va commencer par le rayon beauté. C'est par là, derrière le rayon des produits pour la maison.

H : (devant le choix de démaquillants) Ah, il y a des marques que je connais. Ça, c'est 5 euros. Héééé, ça fait 600 yens ! C'est pas cher !

J : Ah, bon ! Tu trouves ? On pense plutôt que c'est cher !

H : Tout le monde pense ça ou c'est seulement dans ta famille ?

J : Non, je crois que tout le monde pense pareil, surtout après le passage à l'euro. Tiens ! Voilà Maman !

Olga (O) : Bonsoir, les filles. Excusez-moi d'être en retard. Comment ça va ? Haruka, comment ça s'est passé à la fac ?

H : Très compliqué ! Les profs parlent trop vite. Et on donne beaucoup de travail à la maison...

O : Ah bon ! Mais tu vas t'habituer. On va t'aider... Joanna, qu'est-ce que vous avez pris ?

J : En fait, on venait d'arriver. On allait passer au rayon alimentation. Haruka voudrait des produits japonais pour nous mijoter quelque chose...

O : Oh, ici, y'aura rien. Tout juste du tofu et de la sauce de soja. On va voir ça ensemble, il faut aller dans un magasin spécialisé. Non, pour ce soir, je pensais à du tout-prêt, des surgelés...

H : « Tout près »... « surgelés », c'est quoi ?

J : Bah, « surgelés », c'est tout ce qu'on peut garder plusieurs mois au congélateur. Des légumes, de la viande, mais aussi des plats préparés. Il y a même des grands cuisiniers qui en font...

O : Bon, pizza pour tout le monde ? Vous êtes d'accord ? Pardon, Haruka, ce n'est pas très « cuisine française », ce soir... On fera mieux demain.

H : Oh non ! Je suis très contente, j'aime bien les pizzas. Et comme ça, je peux comparer avec les pizzas au Japon...

O : Tu es vraiment bien polie !... Ah, j'allais oublier : il faut aussi du produit pour le lave-vaisselle. Allez à la caisse, je vous y rejoins ; on gagnera du temps.

J : OK, Maman. Mais on t'attend pour payer !...

Expression

何か買いたいものがあったら、どう伝える…？

このシーンではジョアナが遙香にきいています。
Est-ce que tu as besoin d'acheter quelque chose ?
何か買いたいものある？

avoir ＋無冠詞名詞の表現、avoir besoin de...（〜が必要だ）という表現です。besoin は「必要」「欲求」という意味の名詞で、直訳すると、「何か買う必要がありますか？」となりますが、日本語ではこういう時、むしろ「買いたい」と表現するでしょう。

たとえば、「ポケット・ティッシュを買いたい」場合（フランスでは道端で配っていませんから）、どう言いますか？
J'ai besoin d'acheter des mouchoirs en papier.

これはすでに習ったことのある Il faut que... を使って言いかえられます。言ってみましょう。que の後に接続法を使うのをお忘れなく（といっても、acheter の場合、1人称は直説法現在と形が同じでしたね…）。
Il faut que ...
Il faut que j'achète des mouchoirs en papier.

Je voudrais... を使っても言えるんじゃないでしょうか。
Je voudrais acheter des mouchoirs en papier.

いろんな言い方ができます。しかし、最初の二つを使ったほうが必要に迫られている感じがしますね。

rejoindre　合流する

　買い物だけでなくて、待ち合わせでもよく使う動詞です。「あとから合流する」という意味。

En attendant que maman nous rejoigne.
ママが来るのを待っている間に。

　おや？　しかし、rejoindre が rejoigne なんておかしな形になっている…。これは en attendant que という表現の影響で、接続法現在が使われているからです。

　en attendant の部分は en ＋動詞の現在分詞 で、文法用語でいうところのジェロンディフ。同時性、原因などを表し、副詞的に使われます。この文章では、独立節になっています。

　ここで接続法が使われるのは、que 以下の「ママが合流する」ということがまだ起きていないからです。ジョアナの頭の中にあるだけなのです。

　これと似たような状況を示す 前置詞＋que＋接続法 の成句を、Scène 2 の「出発前のおさらい」で見ていますが、思い出せますか？

　そう、avant que... という表現でしたね。「〜する前に」という意味でした。avant que では que 以下の出来事をしばしば「〜しないうちに」と訳すように、「そうならないこと」が期待されていますが、反対に en attendant que では、その出来事の実現が待たれています。

お化粧を取り去るもの、すなわち un démaquillant

　遙香はクレンジング剤が買いたい。「化粧品」を「取り去る」「もの」というふうに、一語一語説明した結果が quelque chose pour retirer le cosmétique. 意味は通じなくありませんが、これはどうも不自然です。Scène 4 で勉強したことを思い出してみましょう。

　すると、ジョアナがさっそく助け舟を出してくれ、un démaquillant というのだとわかります。

ここで重要なのは、間違っても、不自然でも「言ってみることが大事」ということです。優先事項はまず相手に何か伝わること。あなたが言葉を発しなければ、コミュニケーションの場はそこで閉じてしまうからです。

一階、化粧品売り場でございます…

　買い物の語彙として、「〜売り場」le rayon は欠かせません。
le rayon homme / femme / enfant / bricolage
紳士用品 / 婦人洋品 / 子ども用品 / 日曜大工用具　売り場

　次の表現では le rayon の後に de が入ります。
le rayon des produits pour la maison / le jardinage / le sport
家庭 / ガーデニング / スポーツ用品売り場

　cher か pas cher、できたら pas cher のほうがいいに決まってる！ cher（chère）は名詞の前にあると、「愛しい」「親しい」という意味ですが、後ろに来ると「高価な」という意味になります。

　「安い」の反対語を辞書で探すと最初に出てくるのは bon marché という表現です。これは名詞の性・数で変化しません。けれども、むしろ cher を否定する表現で「安い」ことを表すことのほうが多いのです。辞書の見出しだけでなく、用例をよく見ると、それがわかります。

　Ça fait combien ? 50 euros ?! Pas cher !
　いくらになりますか？ 50 ユーロですって !?　安い！
　Je cherche un appartement pas / moins cher.
　［安い / もっと安い］アパルトマンを探しているんだ。
　Pour louer ou acheter ?
　借りるの？　それとも買うつもり？

　かならずしも反対語でなく、pas や moins によって否定的に反対の意味を表すことは、ほかの形容詞でもよくあります。

　ところで、為替相場の変動によって、フランスでのお買い物がと

ても安く感じられることがあります。とはいえ、フランスの消費税 TVA は日本に比べるとたいへん高い税率になっています。一般的なものには 19.6%、食品や本は軽減されていて 5.5%。レシートにはこの TVA をいくら払ったかが明記されます。

on とは誰かの曖昧さに、遙香が食い下がるのは？！

遙香は「安い！」と興奮しますが、オルガの見方はちがいます。
On pense plutôt que c'est cher !

でもそれは誰の考え？　この on は曖昧です。遙香はすかさずきき返します。
Tout le monde pense ça ou c'est seulement dans ta famille ?
一般の人がみんなそう思っているの？　それともオルガの家族だけ？

ものごとの評価は、実際に、生活水準や仕事、受けた教育、家庭環境など、さまざまな要因によって違うのです。人はどうしても身近な基準で判断し、それを一般化してしまいがちです。ステイ先のファミリーだけがフランス人なのではありません。

フランスにかぎらず、日本でもどこでも同じですが、あなたの身の回りにいる人たちとは異なる環境や価値観の中で暮らしている人たちがいます。ホームステイでフランスにいる間は、ステイ先のファミリーを通してフランスの生活を知るわけですが、それがすべてではありません。この本だってそうです。どれもフランスの「ある一面」をあなたに紹介しているにすぎません。

大切なことは客観性を失わないことです。

さて、ここでオルガが言っているのは、tout le monde のほうでした。実際、ユーロへの切り替え（le passage à l'euro）は 2002 年ですが、それが物価高の原因と言われています。1 ユーロは 6.55957 フランという固定レートで換算されますが、フランよりも数字が小さくなるので錯覚する人も多いようです。

Bonsoir って？！ オルガは家族なのに…？

ジョアナと遙香に合流するオルガの第一声が Bonsoir！ あれぇ〜、家族なのに「こんばんは」ですかぁ？

Scène 6 で Bon appétit！と「いただきます。」は少し意味がちがうことを勉強しました。じつは、この Bonsoir！は日本語の「こんばんは」とまったく同じではありません。Bonjour！も、しかり。

この表現は家族どうしでも使います。日本でお母さんが帰ってきて「こんばんは」と言ったら、何だか変ですね。でも、フランスでは、家に帰って来たときにも使います。むしろ、日本語の「ただいま！」に相当する表現はないのです。

だから「いってらっしゃい！」もない…。そのかわりに Bonne journée！などが、家族のあいだでも使われます。

遅くなって、ごめんなさい

Excusez-moi！の後に、「〜して」という理由を示す場合には、うしろに de ＋動詞の不定法をもってきます。ここでは d'être en retard（遅れてしまって）。

遅れないほうがいいに決まっていますが、時間に着けないこともあるので、覚えておきたい表現です。

何かが起きる…Ça se passe...

passer という動詞は、前に見た prendre 同様、いろいろな意味をもちます。ここでは se passer という代名動詞の形になっています。この場合は「何かが起きる」こと。

「何かが起きる」という意味では、非人称構文になることが多く、Que se passe-t-il ? といえば、「何が起きている（起こった）の？」という質問。

Comment ça s'est passé à la fac ? というオルガの質問は、過去形になっています（代名動詞の複合過去形は、être を使うのでしたね）。つまり、「大学では、どうだったのか？」という意味です。指示代名詞 ça が使われていますが、これはその場の状況で、お互いに類推できることを漠然と指します。ここではむしろ comment、それが「いかに起きたか」、つまり「うまくいったのか」どうかのほうに力点が置かれます。この質問を言いかえるなら、Ça s'est bien passé ?

　遙香の答えを聞く限り、授業はなかなかハードな展開になっているようです…。フランスの大学は、日本の大学よりずっと学生に要求することが多いので、宿題も多いし、予習や復習も必要です。がんばって！

prendre のスーパーマーケットにおける用法　エコバッグ編

　たびたび登場の prendre ですが、ここではちょっと変わった使い方です。オルガの質問 Qu'est-ce que vous avez pris ? は、スーパーで買い物をするときに、まだ支払いは済ませていないが、カゴ panier に入っている状態。この段階では acheter ではないわけです。

　panier という単語は、インターネット上の買い物にも使われています。ajouter au panier という表現は日本語の「カゴに入れる」に相当します。

　ところで、買い物にエコバッグ持参は今や常識。とはいえ、フランスのエコバッグは日本のように「軽さ」「薄さ」を追及していません。「でかい」「かさばる」「分厚い」「頑丈」の四角い袋。sac de courses あるいは cabas と呼ばれるこれらの袋、使い方もまた異なります。

　日本ではレジでお金を払ってから、やおらマイ・バッグを持ち出して詰めます。しかし、なんとフランスでは、スーパーに入った時から、マイ・バッグにポンポンと商品を放りこむ人もいるのです。キャスターのついた持ち込みのカートに入れちゃうおばあちゃ

んも…！　初めて見た時は「そんなことして、大丈夫？！」とびっくりします。

　レジではベルトコンベアのような台の上に品物を全部並べます。このとき、マイ・バッグを空にして見るせるのです。なんだかいったん入れたものを、また出して入れなおすのって、無駄のような気もしますが、スーパーのカゴを使っても、入れて、出して、入れる、の繰り返しは同じこと。

　自分の買い物を台に載せ終わったら、後ろの人の買い物と区別するために、巨大文鎮のような棒を置きます。そして、今度は、レジ係の人が次々に機械で値札を読み取っていく先から、自分でマイ・バッグに入れなおします。レジの手前で出し、急いでレジの先へ行ってせっせと入れる。一人だとなかなか忙しいです。

　万引き防止のために、エコバッグが本当に空になっているか点検されるのがちょっと不愉快という人もいて、日本から行った人の中には、毎回スーパーのビニール袋を買っているという人もいます。

近未来、近接過去が半過去になるって、どういうことよ？

aller ＋動詞の不定法（近未来）, venir de ＋動詞の不定法（近接過去）が半過去形になることがあります。

　近未来の「〜するつもりだ」「〜の予定だ」が半過去になると「〜するつもりだった」「〜の予定だった」になります。

　オルガが到着する前の時点では、ジョアナと遙香は食料品売り場に行くことを考えています。

　Elles **vont** passer au rayon alimentation.

　けれども、オルガが来たので、その予定は中断されます。

　Elles **allaient** passer au rayon alimentation.

　この半過去は「行く予定だった（のだが、行っていない）」とい

うことを指します。

一方、近接過去の場合、「〜したばかりだ」「ちょうど〜したところだ」という表現が、半過去になると「〜したばかりだった」「ちょうど〜したところだった」と、今話題になっている新しい出来事の前にそれが起きていることを示します。

ジョアナと遙香は「到着したばかり」の状態です。
Elles **viennent** d'arriver.

そこへオルガがやって来ます。その前に、ジョアナと遙香は到着している。しかも、「到着したばかり」の状態「だった」。
Elles **venaient** d'arriver.

近未来や近接過去は、現在形で使われるだけでなく、このように半過去形で使われることもあります。

フランスのお惣菜は冷凍でも美味しい！

さすがに美食大国。« tout-prêt » はすぐに食べられるようになっているお惣菜。遙香が tout près と言っているのは聞きちがいです。« surgelés » は長期保存可能な冷凍状態になっている食品。どちらにせよ、有名シェフの名前がついていなくても美味しいのです。

もし、一人暮らしをすることになっても、フランスにいる限り、食に関してはまったく心配がいりません。自分で料理できなくても大丈夫です。

一方、フランスには日本の誇る「デパ地下」がありません。町のお総菜屋さん traiteur が洗練の極みを競い合っているからです。道を歩きながら、お総菜屋さんのウインドウをのぞくとため息がでるくらい美味しそうなものがならんでいます。遙香が初日に食べたブッシェ・ア・ラ・レーヌも、一個から買えます。ぜひ、お試しください。

✈✈✈ 出発前のおさらい ✈✈✈

✔ ジェロンディフ

　ジェロンディフは en ＋現在分詞 の形でつくられます。初級の後半に習う項目ですが、取りあげられていないこともあるので、ここで簡単に見ておきましょう。すでに習っている人は、どのように使うものだったかを、思い出してください。

　動詞の現在分詞は、語尾が -ant で終わる形です。英語にも分詞構文というのがありますが、ジェロンディフは en をともなっているのが特徴です。
　En écoutant les infos, je prépare le dîner.
　　ニュースを聴きながら、夕食の支度をします。

　この文にはジェロンディフになっている écouter のほかに、主文の動詞 préparer があります。je が行う動作は二つ（écouter と préparer）。これらの行為は J'écoute les infos. Et je prépare le dîner. と、ひとつひとつ順に言うこともできます。

　しかし、このように並べて言うと、écouter と préparer の間にどんな関連があるかは表現されません。「私はニュースを聴く」そして「夕食の支度もする」と単に、日ごろの習慣を述べているだけかもしれないし、「ニュースを聴き」そのあとで「支度する」と順番を言っているのかもしれない。

　これをジェロンディフでいうと、écouter と préparer という二つの行為を関連づけることができます。つまり、écouter と同時に préparer という動作が行われることを表現することができるのです。

　二つの行為の関連は、こうした同時性だけでなく、因果関係が強調されることもあります。
　En faisant des courses au marché, j'ai trouvé que les prix sont élevés.
　　マルシェで買い物しながら、物価が上がったことに気づいた。

買い物をしながら、物価の上昇に気づいたわけですから、ふたつの行為は同時に行われていますが、買い物をしなかったら、そのことには気づかなかったのですから、faire des courses は私を trouver という行為へ導いた原因でもあります。

そのほかにも、手段や、条件、対立を表すことができます。
En utilisant Facebook, on communique plus facilement avec des amis.
フェイスブックを使うことによって、より簡単に友達とコミュニケーションできる。(手段)

＊Facebook は固有名詞で、冠詞なしに使われます。

En buvant trop de café, vous aurez du mal à dormir.
コーヒーを飲みすぎると、眠れなくなりますよ。(条件)
En disant qu'elle fait un régime, elle mange des gâteaux.
ダイエットしてると言いながら、彼女はケーキを食べている。(対立)

＊対立を強調する場合には、tout を en の前に加えることもあります。

ジェロンディフの用法はかならずしもこのように明確には分類できない場合もあります。手段であり条件でもある、対立でありかつ同時である…など、むしろ複数の要素をあわせ持っている場合のほうが多いのです。重要なのは二つの動詞の関連性であるということを覚えておきましょう。

注意することは、ジェロンディフになっている動詞と主文の動詞の主語は、常に一致しなければならないということです。

✔ 前に出ると意味の変化する形容詞

cher (chère) のように、名詞の前に置かれるか後ろに来るかによって、意味の変化を生じるものがあります。代表的な例では

une nouvelle voiture（新しい車）/ une voiture nouvelle（新型の車）
un homme grand（背の高い人）/ un grand homme（偉人）

✔ **文章の省略**

　Oh, ici, y aura rien. オルガの言葉の省略。Scène 5 で、文章の一部が省略される例を見ました。ここも Maman, y a d'la soupe ? のように il が省略されています。avoir が未来形になっているので、見慣れないかもしれませんが、全部書くと Il n'y aura rien. で、「何もないだろう」。rien は英語の nothing と同じで、言葉としてはそこに表示されていても、「何もない」です。

　ルイ 16 世が革命の起きた日に書いた日記は、一言 Aujourd'hui, rien.（本日は何事もなし）だったそうです…。

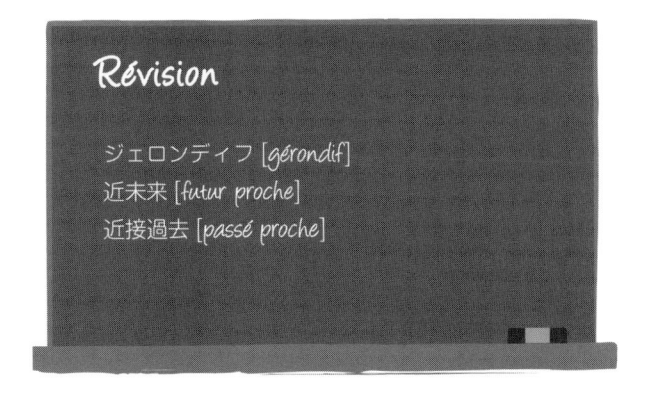

Révision

ジェロンディフ [gérondif]
近未来 [futur proche]
近接過去 [passé proche]

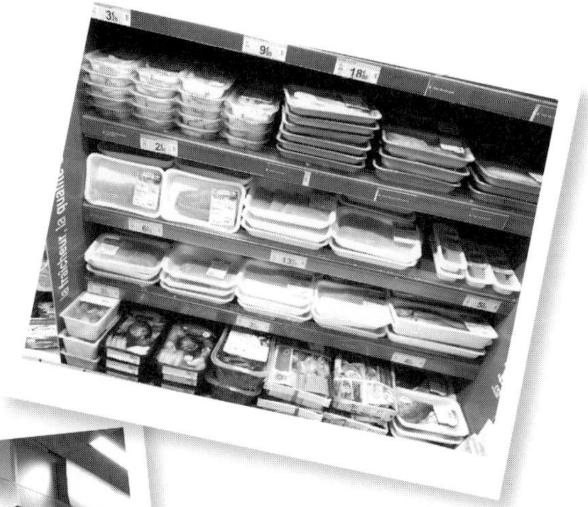

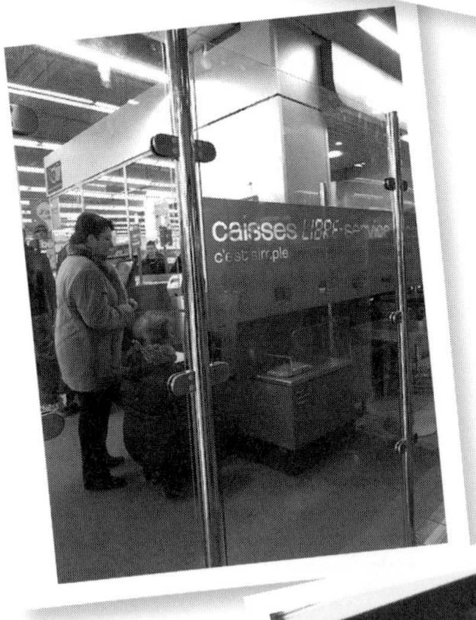
caisses
c'est simple

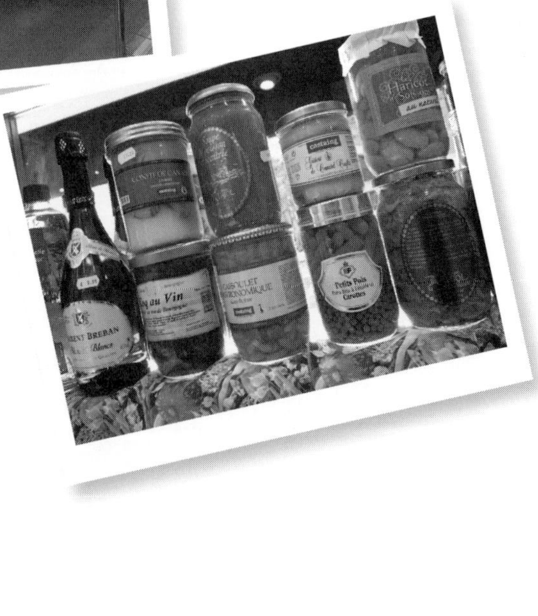
au Vin
Petits Pois
Carottes

⑩ Système D　1
【ストライキの日】

　フランス名物の「ストライキ」grève。日常生活というのとは、少し違いますが、これもまた、フランス的な風景です。後半の二つのシーンでは、困った状況にどう対処するかをテーマにします。最初がこのストライキ。次に体調の変化を扱います。さあ、Système D の発動です。え？ Système D って、何かって？　それは読んでのお楽しみ！　この言葉、あなたもきっと気に入ると思います。

Situation

　ストライキというのは、日本ではもはや死語になりつつあるので、何が起きるのか想像もつかないという人もいるでしょう。これはフランスで、すべての労働者に認められている権利です。日本では一部の職種には制限があります。

　フランスではストライキに入る前に、デモ manifestation（略してマニフ manif）があります。このデモも、日本ではほとんど見る機会がないでしょうし、また、あったとしてもスタイルがちがいます。フランスでは、大勢の人が路上に出て、道いっぱいに広がって行進します。しかしながら、組合 le syndicat がひじょうに厳しく管理し、統制しています。ただ、最後のほうで、それが乱れることもあり、騒乱状態になると、危険です。

　さて、景気の後退や、失業、高齢化社会の医療費や年金問題など、フランスも日本と同じように多くの問題をかかえています。そし

て、「改革」と称される制度の変化に対して、日本のようにすんなりとはいかないのがフランス社会。

2010年の年金受給年齢の引き上げ案には、強い反発があり、政府の方針に反対するデモに続いて、9月末から数週間にわたり、全国的なストライキが行われました。このときは、ガソリンを作る工場もストライキをしたので、地下鉄も国鉄もマヒしている上に、マイカーのガソリンも買えないという事態になったのです。主張には賛同するけれども、はた迷惑だと感じている人もいないではありません。しかしながら、後述するように、フランスでは社会の問題を他人ごとにしないという考え方が根強く残っています。

さて、フランス名物のストライキが予告されている日、ルヴァスール家の遙香をめぐる会話は、どのように展開するでしょう。

じつは、このシーンのテクストは、これまでに比べて、理解するのがむずしいかもしれません。なぜなら、このシーンでは、よりフランス人の日常会話に近い表現が使われているからです。それは語彙の問題ではありません。むしろ表現の仕方にあるのです。

このシーンの設定は、遙香がフランスの滞在に慣れてきたころになっています。言いかえるなら、受け入れ先のルヴァスール家の人々も遙香の存在に慣れてきたということなのです。遙香がいる前でも、「ふつうに」話し、「ふつうに」リアクションし、彼らがいつもそうしているように振る舞うようになる…。

会話は、最初のころのように、遙香（外国人）の存在を常に意識した表現から、もっと一般的な展開に近くなります。スピードや語彙だけでなく、さらにコンテクストやその場の状況に依存した表現が多くなるということです。これがむずかしく感じる理由です。

日本語表現でもそうですが、話さなくてもわかるものはどんどん省略されていきます。あるいは曖昧に ça などに置き換えられてしいます。文法や語彙を知っていても、会話についていかれないということが起きるのは、そうした、状況に依存している表現がうまく

理解できないからです。

　このシーンでは、話の焦点はストライキで、話題は限定されています。それでも、ときどき、曖昧に感じられる表現があるでしょう。しかも日本語になりにくい…。訳そうとすればするほど、「…？」となってしまうかもしれません。

　けれどもその「意味のつかみづらさ」を感じていただくことが、このシーンでのポイントなのです。実際の会話というものは、こういうふうに展開していくものです。日本語でもフランス語でもそれは同じです。全部が言語化されていない場合もある。お互いに通じていれば、それでいいと…。

　しかし、外国人にとって悩ましいのは、その「意味のつかみづらさ」が自分のフランス語運用能力の限界によるものなのか、それとも、コンテクストに依存しているためにわかりにくいのか、見極めがむずしいところにあります。「もしかして、私だけが、わかっていない…？」

　もし、そんな不安を覚えたら、基本的なことを思い出しましょう。大事なことは、コミュニケーションがとれるかどうか。あなたの言語運用能力の限界が試験されているわけではないのです。

　それなら話は簡単。わかりにくいと思ったら、「今のは、ちょっとわからなかった」と正直に言って、わかるように説明してもらえばいいのです。あなたがいるのはフランス語環境であり、それはあなたの母語ではありません。「わからないほうが当たり前なんだ」という基本のスタンスに戻って、周囲に協力を求めましょう。それはちっとも恥ずかしいことではないのですから…。

Scène 10 *Système D 1 : Jour de grève, c'est la galère !*

Joanna (J) : (finissant son petit déjeuner) Ah, au fait, Haruka, tu sais qu'il y a grève des transports, aujourd'hui ?

Frédéric (F) : Oui, et je ne peux pas vous emmener parce que j'ai un rendez-vous en province... D'ailleurs, il va y avoir des bouchons.

Haruka (H) : J'ai entendu à la radio tout à l'heure, mais je n'ai pas bien compris. Ça va trop vite !

F : La grève, c'est quand les gens qui travaillent, par exemple dans le train et le métro, s'arrêtent de travailler pour protester...

Olga (O) : Voilà, et comme ça arrive assez souvent, les gens disent qu'ils sont pris en otages par les grévistes.

H : Mais ils n'ont pas dit leurs problèmes avant ?

F : Si, le plus souvent, ça dure des mois entre la direction et les syndicats, mais en France, ce genre de discussion ne se passe pas bien, alors ça bloque...

H : Et pourquoi ça bloque ? Les syndicats ne travaillent pas bien ? Au Japon, ça marche très bien. Il n'y a pas de grèves.

F : Souvent, on dit que c'est parce que les patrons ne veulent pas comprendre ce qu'on leur dit. Ils parlent de négocier mais ils laissent parler et font ce qu'ils ont décidé dès le début. Alors...

J : Alors, les syndicats mettent la pression, comme on dit. Et pour nous, c'est la galère !

H : La galère ? Je ne comprends pas... Ce n'est pas un bateau ?

J : La galère, c'est quand tu dois te débrouiller tout seul, aller en vélo, à pied, faire du stop, du co-voiturage.

H : (Qui n'a pas tout compris...) À la radio, on parlait de la sécurité et des agressions...

F : Ah, oui, c'est à cause de l'agression d'un conducteur avant-hier. J'avais oublié...

J : C'est sûr qu'avec le chômage qu'il y a dans certains quartiers, les jeunes ont la haine.

F : Oui, mais de là à s'en prendre aux conducteurs des rames !

H : Des rames ? Comme dans les bateaux ?...

O : C'est vrai, ça, encore un mot du vocabulaire marin qui est repris

dans la vie quotidienne ! C'est pour parler des trains du métro, qui ne sont pas de la SNCF...
F : Ouais, et c'est lamentable ! Et la seule solution qu'on a trouvée, c'est de rajouter des policiers et des caméras.
H : (Regarde sa montre.) Excusez-moi, s'il n'y a pas de métro, je vais partir maintenant.
F : Appelle à la fac. Si ça se trouve, il y a grève aussi !...
J : Je viens de vérifier sur le site internet de la fac : c'est fermé ! Haruka, on est en vacances !
F : Allez au cinéma ! Il y a sûrement une salle où vous pourrez voir *Zazie dans le métro* ?...

Expression

la grève、語源は広場の名前です

ストライキのことをフランス語では la grève と言いますが、これは現在のパリ市庁舎前広場 la place de l'Hôtel de Ville のかつての名称 la Grève に由来します。この広場に職を求めた失業者が集まったことによるのです。

ストライキの参加者は gréviste と呼ばれ、「ストライキをする」は faire la grève。しかし、一般の人にとっては、ジョアナのように、Il y a grève, aujourd'hui.（今日は、ストライキがある）という機会のほうが多いでしょう。無冠詞で定着している表現ですが、Il y a (la / une) grève, aujourd'hui. も可能です。

bouchon は「詰まる」もの

ストライキになれば、公共の交通機関は使えませんから、いきおいマイカーへの依存が高まります。そこで、日ごろから渋滞に悩まされているパリでは、いよいよ車

が詰まってしまいます。そこで y avoir des bouchons（渋滞する）。

bouchon という単語は、そもそもビンの「栓」、差し込み式のふたをいいます。ワインの栓抜きは tire-bouchon。

フランス人はうんちく好き、議論はもちろん大好き

遙香はラジオでストライキの情報を流しているのを聞きましたが、Ça va trop vite !（速すぎてわかりません！）。するとフレデリックが、「ストライキとは…」と説明を始めます。しばらくはフレデリックの蘊蓄が続きます。

さらに、それぞれが何かしら一家言ありますから、たちまち会話は花盛り。しかも政治に関しては、各々意見をもっています。さすがにフランス革命の国。おじいさん、おばあさんから高校生まで、黙ってはいられないのです。ここでもジョアナが後半から、失業問題について意見を述べています。

当然、Qu'est-ce que tu en penses ? とふられることも覚悟していなければいけません。そのときに避けたほうがいいのは、Je ne sais pas...「わからない」という意味で使いたくもなりますが、これは無関心の表明、「どうでもいい」とまるで突き放したような印象を与えかねません。

こういうとき「日本では…」あるいは「私が思うには…」ととっさの切り替えしができたら最高です。それは将来の目標にして、今の段階では、わからなければ、その「わからない」を質問の形にしてみましょう。つまり、「どこがわからないか」「会話のどのへんについていけないか」を明確にするのです。「さっき、こう聞こえたけれども、それは何ですか？」等々です。周りの人はきっとよろこんで説明してくれますよ。

フランス語の esprit という言葉をどこかで聞いたことがあるでしょう？　日本では女性雑誌が好んで「パリのエスプリ」とか見出しに使っています。「精神」というような意味に解釈されているこ

とが多いですが、じつはこの単語、「機知」や「才気」を意味することもあるのです。日本語ではあまりもう使われない言葉ですが…。会話にはこの esprit が必要とされます。知性と頭の回転の速さ…。当意即妙の答え…。

ジャン・コクトーの映画『美女と野獣』*La Belle et la Bête* では、野獣が次のようなセリフを言います。
Je suis bête, parce que je n'ai pas d'esprit.
私は獣だ、なぜならエスプリがないからだ。

この bête という単語には、「おつむが足りない」の意味もあります。Je suis bête !（バカやっちゃった！）は日常よく使われる表現です。そこでこの野獣のセリフは二重の意味を帯びてきます、単に怪物のような「獣」であるというだけでなく、知性の面においても、「動物」の限界を超えられない。しかし、そのことによって苦悩する野獣は、彼が人間であったときの心の繊細さを失っておらず、それゆえにいっそう苦しんでいるように見えるのです。コクトーの映画は、ディズニーのアニメよりもボーモン夫人の原作に忠実です。

esprit とフランス式会話術

さて、この esprit も時には空回りすることがあります。このシーンをよく読んでいただくとわかりますが、フレデリックはまず「ストライキとは…」と労使関係の問題を解説します。オルガとジョアナは、ストライキで受けるとばっちりについて感想を言います（être pris en otage par les grévistes, la galère !）。みんな、ストライキは経営者と労働者の問題という前提で話しています。

しかし、遙香の素朴な疑問 on parlait de la sécurité et des agressions. によって、今回のストライキには、別の問題があったことを思い出します。la sécurité, des agressions すなわち治安の悪化です。

結局、ラジオのニュースがよくわからなかったという遙香が、一番事態を正確につかんでいたことになりますね。どうも腑に落ちないというときは、遙香のようにしつこいぐらいに質問してみましょ

う。案外、あなたの疑問が、話題の本質をつくことになるかもしれません。それこそが esprit のなせる技なのです！

　ところで、この esprit、フランスの宮廷社会において「芸術の域に達した」と言われる会話では、きわめて重要な要素でした。時にはその一言が、人生を左右することもありました。この伝統は、いまでもフランスに残っています。気の利いた一言というのが、フランス人はとても好きなのです。

　現代では、英語から入ってきた humour（ユーモア）という言葉にお株を奪われた感がありますが、それでも esprit とユーモアは若干の相違があります。esprit にはなにか「ピリ」っとした刺激的なところが期待されるからです。

　もう少し、フランスにおける会話の esprit について知りたい人は、パトリス・ルコント監督の『リディキュール』 *Ridicule* をご覧になるといいでしょう。

　18世紀革命前夜のヴェルサイユ宮殿、そこへドンブ地方の青年貴族ポンスリュドンが王に直訴するためにやって来ます。彼は沼地のために湿気と病いに苦しむ領民を救うため、灌漑事業を王に願い出たいのですが、なにしろ退廃の極みにある宮廷で、王と謁見するのは容易なことではありません。宮廷の人々が esprit に振り回され、何とか気の利いたことを言おうとしのぎを削る中、ポンスリュドンの esprit が唯一の武器となるのですが…。この映画の中で登場人物たちは口を開くたびに esprit という単語を言わずにはいられないのです。

　そして、宮廷では気の利かない言葉で失敗し、Ridicule！（滑稽）と笑われたら最後、その人は完璧に打ちのめされ、二度と立ち直れないのです。恐るべし、esprit。それだけでも英国の「ユーモア」とは異なります。ユーモアがないと言われても、人格の否定までにはいたらないのではないでしょうか？

　この映画では、英国帰りの貴族が、「ユーモアとはどんなもの

か」と聞かれて、説明する場面があります。そこでも、フランスの esprit との違いが強調されています。そして、一番最後のシーン、esprit とは決定的に違うユーモアというものを見せています。

les gens 性転換した名詞

　「フランス語にはどうして男性名詞と女性名詞があるんですか？」　たまにこのような質問があります。このように真正面からきかれると、「そら、来たな！」と内心で思いながら、「いや、ドイツ語なんて中性ってのもあるらしいよ、男性と女性だけでよかったね」などと、けむに巻くしかありません。だって、説明できないのだもの…。誰か、説明できる人いますか？　なぜ table は女性名詞で、bureau は男性名詞なのか？

　しかも、かつて女性名詞だったのに、今は男性名詞になっている、「性転換型」もある、などと言うと、絶句。あきれてものが言えないという目つきで見返されてしまいます。私のせいじゃないのに…。

　それがこの gens という名詞です。男性で常に複数で使われ、「人々」あるいは「世間の人々」を指します。その点では on とほぼ同じ。でも、この名詞、かつては女性だったのです。

　なぜ、性転換したのか？　理由はきかないでください。また、完全に男性化したわけでなく、この名詞の直前に来る形容詞が男女同形でない場合は全部女性形にしなければならないという規則があります（たとえば、toutes les vieilles gens, les bonnes gens, les petites gens などですが、これらの表現はややアルカイックで、少し侮辱するようなニュアンスがあります）。

　そうでない場合は、男性扱い（tous les gens 冠詞が入っているので、「直前」ではありません。les gens motivés 形容詞は後ろにあります）。

　そして、代名詞で受けるときは、男性です（ils、les...）。ただし、女性として扱ったあとは、elles で受けなければなりません。

Mince alors ! と叫びたくもなるではありませんか…。

amour という名詞にいたっては、何度も性転換を繰り返しました。そもそも男性、中世に女性化し、16世紀に男性にもどり、今日でも、いくつかの成句では女性として扱われます。たとえば初恋 mes premières amours。謎めいた名詞の話でした。

閑話休題：ラジオを聴こう

お宅、ラジオありますか？　ある？　災害時緊急持ち出し袋に入ってる？　ああ、やっぱりね。日本では、ラジオを聴く習慣のあるおうちは少ないかもしれません。

このシーンでも遙香は「ラジオで聞いた」と言っていますが、意外にもフランスではラジオを聴いている人が多いのです。車の中だけでなく、キッチンとかにも置いてあり、朝はこれを聴きながら支度するという人も…。日本のようにテレビのワイドショーがないからでしょうか？　ワイドショー文化は日本独特の発展のようです。

一番よく聴かれているのが、France Info。これはインターネットでも配信されていますから、日本にいても流しっぱなしで聴くことができます。

France Info　http://www.france-info.com/

繰り返し同じニュースが流れるので、何度も聴いているうちに、なるほどね！とわかってきます。

（初めてこの放送をフランスで聴いたときに、テーマミュージックの♪ France Info が On s'en fout ～♪ に聞こえ、続いて交通事故のニュースが流れたので、なんてすごい「ブラックな」の国だろうと感動しました…。一方、地下鉄のアナウンスで名古屋の「鶴舞」という駅名が、どうしても「車エビ」に聞こえるというフランス人もいます…。）

Ça dure…, Ça bloque…

　ここで頻繁に出てくる、ça。これがコンテクストへの依存で、今話していることや、お互いに言わずと知れたことがこの ça の中にポイッと放りこまれます。

　Ça dure des mois entre la direction et… ,

　alors ça bloque… の ça はいずれも la négociation entre la direction et les syndicats を指します。

comme on dit

　On dit que… が伝聞の表現だということは、すでに見てきましたが（Scène 8）、comme on dit はちょっと違います。たしかに直訳すると、「(他の) 人が言っているように」なのですが、これは伝聞ではなく、むしろ、「(他の) 人の言い方では、そうなる」ということで、自分の言った言葉が、自分の選んだ表現ではなく、よその人（世間一般の人）がそう言っているということを表します。

いまどき「ガレー船」って船を漕ぐわけ？

　ストライキのとばっちりを受けることを、ジョアナは Et pour nous, c'est la galère ! と言っています。

　la galère とは、奴隷や囚人に漕がせる軍艦や商船のこと。まさか、地下鉄がないからといって、船を漕いで行こうというわけではありません。「つらい状況」や「嫌でも、がんばってしなければいけないこと」を、ガレー船の奴隷や囚人にたとえてこう言います。

　ジョアナの定義では c'est quand tu dois te débrouiller tout seul。se débrouiller とは、「自分で困難を切り抜ける」という意味です。交通機関が止まったら、自分で何とかしなければいけない…。たとえば、自転車に乗る aller en vélo、徒歩で行く aller à pied、ヒッチハイクする faire du stop、車に相乗りする faire du co-voiturage… など。

最新の système D は co-voiturage

　こうして「自力で何とかする」ことをフランス語で système débrouille、略して système D と言います。これを器用にやってのける人が多い、というか、困難に直面するとごく自然に système D を発動できるのが、フランス人の特性。たぶん、「自分でやってみる」というプログラムが DNA のどこかに書き込まれているのかもしれません。家の中の大工仕事も普通にこなす、というより趣味にしてる人も多いですし…。

　ジョアナの挙げた système D の中で、一番新しいのが co-voiturage。相乗りというのは昔からありますが、最近ではインターネットを使って、相手を募集、ガソリン代を割り勘にするというスタイルになってきました。

　ストライキへの自衛手段だったのかもしれませんが、2010年12月のパリの大雪で交通網がマヒした時も、ニュースでは co-voiturage という言葉が盛んに使われていました。最新流行の système D である co-voiturage はガソリンを無駄にしないエコな解決策でもあります。

la sécurité は 21 世紀のキーワード…？

　2001年の9.11の同時多発テロ以来、世界は緊張に包まれています。いつ、なんどきテロ攻撃を仕掛けられるかもわからないという不安から、空港をはじめ、ビルや駅でも警戒が続いています。日本にいると、あまり感じませんが…。セキュリティー対策として、いろいろな方法で監視が強化されているのも事実です。

　テロだけでなく、治安の悪化も社会的な不安をあおります。pour la sécurité といえば、カバンの中を調べたり、入場を制限したり、たいていのことは可能なのではないでしょうか…？

　フランスで驚くことは、駅などで軍隊が自動小銃などをもって警備にあたっていることです。大型犬を連れている場合もあります。身分証の携帯は法律で定められていますから、パスポートは必ず身

に着けていましょう。失くすといけないからと家に置きっぱなしはいけません。

もうひとつのキーワード、le chômage

　20世紀の終わりに始まった景気の後退によって、多くの国では失業問題をかかえています。フランスでは多くの移民労働者がその深刻な影響にさらされています。フランスは古くから移民国家ですが、特に第二次世界大戦後の復興期には旧植民地からの移民を労働力として積極的に受け入れてきました。今日、そうした人たちの2世、3世が失業の問題にさらされ、同時に人種差別の問題も深刻化しています。

　フランスで生まれた彼らは、フランス国籍をもつ、歴としたフランス人であるにもかかわらず、人種差別的な待遇を受けることが少なくありません。2005年秋、警察のパトカーに追われて変電所に逃げ込んだアフリカ系の少年2人が死傷した事件をきっかけにして、全国に広がった若者の暴動はその後も解決したわけではありません。

　ジョアナの言う …qu'il y a dans certains quartiers, les jeunes ont la haine の「一部の地域」とは、具体的には la banlieue と呼ばれる大都市郊外の地域を指しています。banlieue は日本語で「郊外」と訳されますが、フランスでは特に1960年代以降に建てられた団地 la cité のある地域を指す場合があります。

　それらの団地は建設当時こそ近代的な生活環境を提供する住宅でしたが、低所得者向けの団地では不況の影響を直接的に受けることになりました。団地全体が貧困と同時にさまざまな問題に直面することになります。こうした点も、日本のいわゆる団地とは異なっています。

　一番大きな問題は、そこに住む人々が一種の隔離状態に置かれていることです。言語的な現象としても、さまざまな国の出身者が持ち込むアクサンと、単語の音節を前後で入れ替えて作る隠語 verlan

によって、郊外の団地の中で話されるフランス語が変容していることが注目されています。こうした言葉の響きはラップの中に見ることができます。

ジョアナは les jeunes ont la haine と言っていますが、まさにこの haine をそのまま題名とした映画、マチュー・カソヴィッツ監督の『嫌悪』 la Haine が 1995 年のカンヌ映画祭に出品されると、会場はたいへんなショックを受けました。リアリティもさることながら、映画の中で話されている言葉が観客にわからなかったと言います。

この映画は実際に団地の中で撮られ、ユダヤ系のヴィンツ、アフリカ系ユーブ、アラブ系サイードという 3 人のフランス人の若者の 1 日（それはきわめて悲劇的な最後で締めくくられるのですが）を描いています。DVD のメイキングと 10 年後の出演者のインタビューは、この映画の撮影状況をよく物語っています。

フランスの社会の多様性を知るうえで、前出の『リディキュール』と合わせて、ぜひご覧いただきたい映画です。

ちなみに、マチュー・カソヴィッツ監督は、映画『アメリ』 *Le Fabuleux Destin d'Amélie Poulain* に恋人役ニノとして出演しています。

なお、2005 年の暴動については、YouTube で「emeutes 2005」と入れると当時の状況がよくわかる動画があります（フランス語の émeute はアクサン・テギュがつくのですが、Google などの検索では、アクセント記号を落として入力しても問題ありません）。

conducteur と chauffeur

conducteur (conductrice) は乗り物を運転 conduire する人。広く一般に使われます。職業としている場合も、そうでない場合も含みます。

 conducteur du métro   地下鉄の運転手さん = 職業

conducteur de la voiture accidentée
事故にあった車の運転者＝職業ではない

　一方、chauffeur は、職業としての自動車の運転手さんを指し、女性も同形です。昔の自動車はエンジンを温める chauffer 必要があったことに由来します。

　このシーンで話題になっているのは、地下鉄の運転手さんが襲撃された事件ですが、路線バスの運転手さんも襲撃されることがあります。しかし、毎日そういうことが起きているわけではありません。社会的な緊張が高まったときには多くなる傾向があるようです。

　暴力行為 agression は、時に乗客を巻き込むこともあります。夜間にグループで騒ぐ人がいたら、少し警戒するほうがいいでしょう。地下鉄やバスは停車駅の間隔が短いですが、郊外に出る RER の場合は密室になります。もしも、そういう人たちと出会ってしまっても、言葉での挑発には乗らず、決して目を合わせないこと。

　『パリ・ジュテーム』 *Paris Je t'aime* はオムニバス形式でパリのスケッチを見せる映画です。18人の監督が、モンマルトル、セーヌ河岸、マレ地区など、つぎつぎにパリの街角で展開する小さなドラマを演出しています。この中にコーエン兄弟の撮った「チュイルリー」 *Tuileries* という作品があり、まさしく地下鉄のチュイルリー駅での出来事が語られます。

　ルーブル美術館を見学した帰りと思われるアメリカ人男性（コーエン兄弟のお気に入りスティーヴ・ブシェミが演じます）が、ガイドブックを読みながら、ホームのベンチで地下鉄を待っています。そのガイドブックには「人と目を合わせてはいけない」と書いてあるのですが、ついうっかり、反対側のホームにいる熱愛カップルを凝視してしまったことから、さあ、たいへん…という展開になります。続きは観てのお楽しみ！

　『パリ・ジュテーム』には、先に述べた移民の悲しさもあり（「16区から遠く離れて」「お祭り広場」）、そこには若い愛、成熟した愛、

母の愛…パリを舞台にしたさまざまな人々のふれあいが描かれています。とてもすばらしい映画です。

どれも珠玉の作品ですが、個人的には最後の「14区」に出てくる、パリにあこがれてやって来た、なまってほとんど聞き取れないフランス語を話すアメリカ人の太ったおばさんにうるっとなります。

学生に人気のあるのは、パントマイムの「エッフェル塔」。そのほかにも『ロード・オブ・ザ・リング』のイライジャ・ウッドが「マドレーヌ界隈」でヴァンパイアに襲われたりもします。みなさんは、どのエピソードが気に入るでしょう。

rame は海の用語ではなく、地下鉄の車両

rame は連結された車両、特に地下鉄の車両のことを指します。ここではオルガが、rame を galère 同様、海の用語と勘違いしていますが、「櫂」の意味で使われる rame とは語源的に異なります。

「ウェ」って聞こえるけど…、それ、もしかして「Oui」?

そのとおり！ フレデリックがオルガに Ouais と答えています。「ウェ」としか聞こえませんが、これは Oui のこと。少し口が開いて、リラックスした表現。つまり、親しい間柄では、Oui がこんなふうにだらけちゃいます。

しばらく前に、女の子の間では、Oui と言いながら、息を吸い込むのが流行っていました。これはもうすたれたようです…。

では最後にこの ça

フレデリックが言う Si ça se trouve, il y a grève aussi !　直訳すれば Si ça se trouve は「それがあるなら」。でもここは成句的表現で、「もしかしたら」「ひょっとすると」という意味になります。

それにしても、地下鉄の運転手さんたちが抗議するストライキな

のに、なぜ大学まで一緒にストライキになってしまうのでしょう。そこにフランスの特殊性があります。

solidarité の社会

前に partager という動詞について、フランス文化を知る大事なキーワードだと紹介しましたが、ここにもう一つ、フランス的行動様式を知るうえで重要なキーワードがあります。それは solidarité。これを「連帯」という日本語に訳すと、どうしても固くなってしまうのです。まずそれは同じ問題意識を共有 partager することから始まって、それによって団結することです。

地下鉄の運転手さんが襲撃されることが、大学と何の関係があるのかと思われるかもしれませんが、運転手さんの直面している問題は、社会の問題として、大学も無関係ではないと考えるのです。

この solidarité によって、たとえば年金問題や労働環境の改善を求めるデモに、高校生も参加したりすることになり、ほかの業種もストライキに参加するという事態が起きるのです。

さて、最後に、ルイ・マル監督の『地下鉄のザジ』*Zazie dans le métro* を紹介しましょう。レイモン・クノー原作のこの映画は、パリのおじさんの家に2日間預けられることになって、地下鉄に乗るのを楽しみにしていた女の子が、ストライキのために混乱するパリで繰り広げるコメディです。

クノーの原作は、書き言葉でなく、話されているとおりの音声のまま表記したことでも有名です。

映画化から50年を記念して、完全修復ニュープリント版が2009年に劇場公開されました。ちょっとのぞいてみたい人は、下記の公式サイトで予告編が見られます。

『地下鉄のザジ』 http://www.zaziefilms.com/zazie/

✈ ✈ ✈ 出発前のおさらい ✈ ✈ ✈

✔ 不規則変化動詞の直説法現在

　直説法現在の活用は、その他のすべての活用形の基本となりますので、時間を見つけては徹底しておさらいしておきましょう。

　たとえば、このシーンに出てくる主文の不規則変化の動詞を見つけ出し、活用してみましょう。

```
tu sais...        ⇨  savoir    → je 以下を活用します
je peux...        ⇨  pouvoir
j'ai...           ⇨  avoir
il va...          ⇨  aller
les gens disent...           ⇨  dire
ils sont pris...             ⇨  prendre
les patrons ne veulent pas...   ⇨  vouloir
les syndicats mettent la pression  ⇨  mettre
qui est repris...   ⇨  reprendre
Appelle à la fac... ⇨  appeller
Je viens de...    ⇨  venir
vous pourrez...   ⇨  pouvoir
```

　ほかのシーンでも同様に、主文の動詞を抜き出して、不定法の形と直説法現在の形を書き出してみましょう。アレ？　忘れているものもありますね。

　活用と一緒に、複合過去形を作るための過去分詞の形も思い出しておきましょう。

Révision

不規則変化 [verbe irrégulier]
過去分詞 [participe passé]

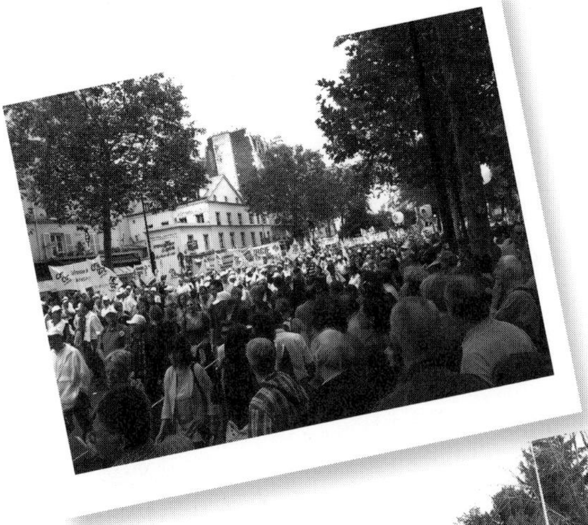

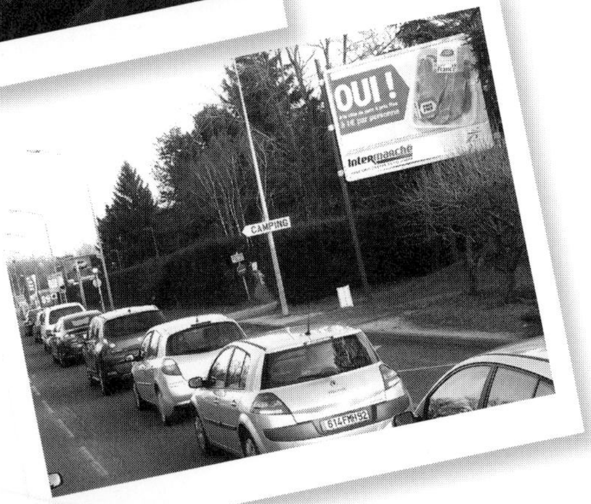
OUI !
CAMPING

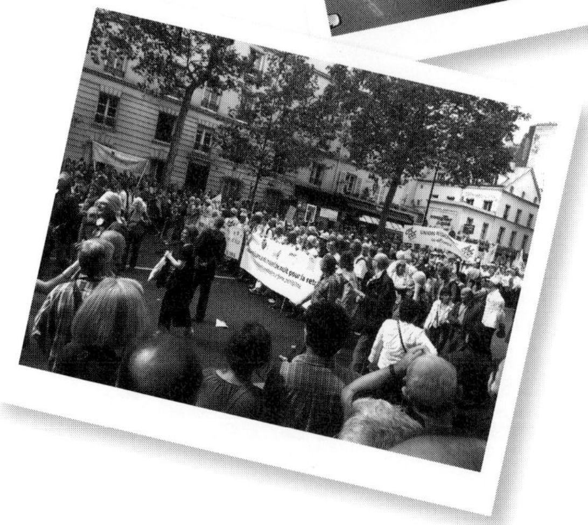

11 Système D 2
【体調不良の日】

　ストライキに続いて、ここで取り上げるのは、ちょっとした体調不良です。4週間の滞在となれば、慣れない環境に疲れたり、食べ過ぎたり、風邪をひくなど、体の変調が出るのはふつうです。心配しないで。環境が変われば、みんなそうなんです。誰も「自己責任」なんて非難する人はいませんよ。でも、そんなときは、どうしたらいいのでしょうか？

Situation

　遙香がなんとなく元気がないので、オルガが気にしています。「どうしたの？」という質問のあとに、avoir mal à... という表現で、遙香がどこが具合が悪いのかを伝えます。それによって、いろいろな展開が想定されますので、それを見てみることにしましょう。もちろん、念のためにお医者さんに診てもらうのが一番いいのですが、そこへ至るまでの会話です。

　このシーンの最後に出てきますが、フランスでは家庭医の存在が頼りになります。昔の日本のように往診してくれたり、予約で待つことなく診てもらえます。医薬分業が進んでいるので、お薬は処方箋をもらって、薬局へ買いに行きます。夜中でも開いている薬局があり、心配はいりません。

　重症の場合には、家庭医の先生が病院の専門医に紹介してくれます。フランスの病院はほとんどが公立で、政府の管理下に置か

れています。自由診療で開業するには、また別の資格が必要になり、日本の医師制度とは少し違います。

　軽い風邪の症状のような場合には、自分で薬局に行き、相談するというのも一つの解決策ですが、やはり慎重を期して、ステイ先の家族に相談するのが一番です。

　とはいえ、日本人とフランス人では身体の特徴で異なることがあります。たとえば体温ですが、日本人には体温が低い人（36度ぎりぎりとか）が増えています。一方、フランス人の平熱とは37度ぐらいを指します。もちろん、フランス人だって、体温の低い人もいないわけではないのですが、37度くらいでは、「病気」のうちに入らないと考える人もいます。

　そこで、こんな笑い話があります。これは友人がホームステイを引率した時の話なのですが、学生の一人から友人に電話がかかりました（私もその場にいましたので、一部始終を脇で聴いていました）。

　熱があり、具合も悪いので学校を休みたいのですが、マダムが「仮病ではないか？」と疑っていて、学校へ行きなさいと外へ出されそうだとのこと。自分に代わって説明してほしいというのです。

　その人の体温を聞いてみると、36.9度。なるほど微熱…。そこでマダムに電話を代わってもらい、友人が説明。納得していただけたようですが、マダムはびっくりしていたようです。

　抗生物質などのお薬も、日本人は腸にとどまる時間が長いので、やや少なめに出すというお医者さんもいます。

　具合の悪い時に、外国語でどこが痛いか、苦しいか説明するのは、本当に大変なことです。発熱などしていたら、なおのこと、舌も頭も回りません。必要最低限、どこが苦しいのか、言えるようにしておきましょう。

Scène 11 *Système D 2 : Petits problèmes de santé*

Olga (O) : Et alors, Haruka, ça ne va pas bien ? Tu as un problème ?
Haruka (H) : Euh... Oui, un peu. Mais ça va aller...
Joanna (J) : Quand même, ça n'a pas l'air d'aller ! Tiens, assied-toi. Tu as mal où ?
H : « Malou » ?...
O : Oui, où est-ce que tu as mal ? Qu'est-ce qui te fait mal ?
H : Ah ! Mal ! Oui... Un peu...

Voici quelques options courantes, pour orienter la conversation... Le mieux sera tout de même d'aller chez le médecin...

① J'ai mal à la tête.
   O : (touchant son front) Oh, oui, tu as un peu de fièvre !
   J: On a de l'aspirine ?

② J'ai mal à une dent.
   O : Depuis combien de temps ?
   H : Un peu, depuis deux jours. Mais ce matin, c'est pire !

③ J'ai mal à la gorge.
   O : Fais voir ! Ouvre grand la bouche !... Ah oui, c'est rouge...

④ J'ai mal au ventre.
   O : C'est à cause de ce que tu as mangé ?
   H : Oui, peut-être hier soir... J'ai trop mangé...
   H : Non. C'est quelque chose... des femmes...

⑤ J'ai mal à l'épaule.
   J : Tu veux un massage ? Maman fait ça très bien...

⑥ J'ai mal au dos.
   O : (lui touchant le dos entre les omoplates) À quel niveau ? Ici ? Plus bas ?
   J : (faisant un geste vertical) : C'est la colonne vertébrale ?

⑦ **J'ai mal sur le côté.**
   J : Ah, oui, tu boites un peu, non ? Tu as trop marché ?

⑧ **J'ai mal au genou.**
   O : Ça, c'est embêtant, le genou... Il faut d'abord te reposer.

⑨ **J'ai mal au pied.**
   J : Tu t'es tordue le pied ? C'est à cause de tes chaussures ?

⑩ **J'ai un peu la nausée...**
   O : Tu as l'air fatiguée... Tu travailles trop, peut-être.

⑪ **J'ai mal partout.**
   O : Partout ? Attention, c'est peut-être la grippe !
   (...)

O : (après quelques minutes) En tout cas, il ne faut pas rester comme ça ! On va t'accompagner chez notre médecin de famille. Je téléphone tout de suite.
H : Est-ce que ça va coûter cher ?
J : Pour cette consultation, non. Après, on ne sait pas, ça dépendra de ce qu'il va dire. Et s'il faudra des médicaments. Mais tu as une assurance-maladie, non ? Il faut prendre tes documents...
H : Ah, oui, c'est vrai. Je dois téléphoner. Il y a un numéro à Paris pour expliquer en japonais.
O : Allez, on fait comme ça. On téléphone et on y va toutes les trois.
H : Oh, merci ! C'est vraiment gentil !
J : C'est normal. On ne va pas te laisser souffrir !

Expression

Tu as mal où ? どこが痛いのですか？

遙香は mal où を聞きちがえて « Malou »？ときき返していますが、ほかにも Où est-ce que tu as mal ?, Qu'est-ce qui te fait mal ? と別のきき方があります。

avoir mal を使った表現は、初級でも出てきますね。faire mal はひょっとすると初めてかもしれませんが、「痛くする」という表現で、Ça me fait mal !（痛い！）Ça m'a fait mal...（痛かった…）など、日常で使います。

Ça t'a fait mal, le vaccin de la grippe ?
インフルエンザワクチン、痛かった？
Oui ! Ça m'a fait [très / un peu] mal!
ええ、[すっごく / ちょっと] 痛かったわ！

J'ai mal à ... !　ここが痛い！

どこが痛いと体の部分を指し示すには、定冠詞が必要です。
J'ai mal à **la** tête.

これは先に見た代名動詞の場合と同様で、身体についているかぎり、その部分には定冠詞をつけないと、違和感が生じます。定冠詞と直前の前置詞 à は縮約を起こす場合もあります。
J'ai mal au ventre.

☞ ところで、頭痛がする場合、身体が脱水状態になっているのかもしれません。フランスは日本より乾燥しています。特に夏場は、皮膚からの蒸発があり、気づかないうちに脱水状態になっていることも…。トイレを我慢するために、つい、お水を控えがちですが、医師によっては、一日に2ℓくらい摂取すべきだという人もいます。
そこで、頭痛がする、頭が重いなどの症状があったら、まず少し、水を飲んでみるのもいいでしょう。

Depuis combien de temps ? いつから？

いつから痛み出したのかは重要な点です。
Depuis hier / avant-hier / trois jours.
昨日 / 一昨日 /3 日前から。

Pire！ 前よりひどくなった！

pire は mauvais の比較級。最上級は le pire です。
Pire qu'hier！　昨日よりひどくなってる。

反対に良くなっていれば、Ça va mieux. と bien の比較級を使います。
Beaucoup mieux qu'hier / avant-hier / il y a trois jours.
昨日 / 一昨日 /3 日前よりずっと良くなっています。

J'ai trop mangé...　過ぎたるは及ばざるがごとし

食べ過ぎ、飲み過ぎは体調を崩すもと。trop の場合、程度が度を越して、つねにネガティヴな結果を暗示します。

J'ai beaucoup de travail. なら、単純に仕事量が多いのですが、J'ai trop de travail. となると、健康が心配になります。

quelque chose... des femmes... 女性特有の…デリケートな問題…

ふつうに les règles (mes règles) という表現があります。これが一般的。規則的に来るものだからです。ここで遙香が言っている quelque chose... des femmes は、婉曲な表現。

生理痛は les douleurs menstruelles（複数）。les troubles de la menstruation というと、本来規則的に来るはずのものなのに、その規則性において何か異変が起きたことも指すことができます。

生理用品は les produits d'hygiène féminine という言い方がありますが、会話ではもっと簡単に des tampons (hygiéniques)（タンポ

ン）、des couches（ナプキン）と言います。

les omoplates, la colonne vertébrale...

　頭やお腹という漠然とした言い方は、初級で勉強しますが、肩甲骨、背骨などは習いませんね。みなさんの日本語の語彙は、フランス語よりはるかに niveau が高いはずですから、こうした語も日常何気なく使っていると思います。

　しかし、それをフランス語で言おうとすると、さあ、たいへん！なぜ困るかというと、人体の各部位や、病気の名前などはあまり細かく和仏辞書に載っていない場合が多いからです。

　その場合に役に立つのが、Wikipédia（é になっているのが、フランス版）。ウイキペディアの記述には、誤りもないではありません。なぜなら、どんな人でも書き込めるからで、必ずしも、ちゃんとした体系的知識をもった専門家が書いているわけではないからです。

　しかし、一般的な辞書に出ていないような人体の構造や病気、技術的な語彙などを調べたい時、辞書的に使うには便利です。

　たとえば、「肩甲骨」を日本語のウイキペディアで表示させてから、左側の言語の選択で français を選ぶと、フランス語の omoplate のページに飛びます。

　画像もついているので、それが「何か」すぐにわかります。それを、ステイ先の家族に見てもらって、説明することもできます。

　また、日本語とフランス語のページでは、記述の仕方が異なりますので、比較するのも面白い遊びになります。項目によっては、記述の長さに差があって、それぞれの言語使用者の関心の度合いを知ることもできます。そもそも、該当項目がその言語にないということは、あまり関心がないことになります。

avoir mal sur le côté 腰が痛い

avoir mal という表現で、痛む場所を示すときに à を使うのが標準ですが、このように sur を用いる場合もあります。

côté という語は「脇腹」の位置を指しますが、日本語で「脇腹」というと、主に内臓のことを言っているようです。フランス語の côté は「骨盤」が外側に張り出している部分を指すことも多く、日本語の「腰」に当たります。

「腰」という意味では、rein を使って avoir mal aux reins と言うこともできます（rein には「腎臓」の意味もあり、「腰」を指す場合はつねに複数）。

avoir mal sur le côté なら片側だけ、avoir mal aux reins なら、両側＝腰全体が痛いことになります。

C'est embêtant...　体調が悪いのは、困ったことです…

embêtant は形容詞ですが、もともとは動詞の embêter（困らせる）の現在分詞です。だから、「困っている状態」。gêner（邪魔する）もほぼ同様に使えます。

C'est embêtant / gênant.　困るね。
Pour aller à la piscine, ça m'embête / me gêne, cette douleur à l'épaule.
プールへ行くのに、困ったな、こう肩が痛くては。

embêté(e) と過去分詞になると「困らされている状態」になります。ただし、その問題はむしろ心理的になります。
Je suis embêté(e) / gêné(e) par les bruits des voisins.
隣の人の騒音には困ったよ。

se reposer は特効薬！

何はともあれ、体調の悪い時は休息 repos です。se reposer と prendre du repos は、同じように使えます。

Il faut que tu te reposes / que tu prennes du repos...
少し休まないと…。

しかし、prendre un repos と不定冠詞を使うと、意味がまた異なります。
Tu as besoin de prendre un repos.
あなたには（一定期間の）休養が必要だ。

du repos であれば、一時的に必要な休息をイメージします。どんな形でもいいから休息できればいいのです。

しかし un repos の場合には、もっと個別的で、その人の置かれている状況を考慮した休息を言っています。それは1週間、1か月、もしかしたら1年という長い期間になるかもしれません。ある一定期間、完全に休む＝その状況から切り離されることをイメージします。

部分冠詞と不定冠詞、このちょっとした使い分けが、大きなニュアンスのちがいを生みます。

la grippe！　インフルエンザにかかったら…

これはふつうの風邪とは違いますから、お医者さんに連れて行ってもらわなければなりませんね。まず、発熱と体のふしぶしが痛みますから、早めに申告しましょう。それに、周りの人にうつす可能性もあります。

2〜3月のホームステイの場合には、出発前にワクチン vaccin contre la grippe の接種も考えておくといいでしょう。予防接種を受けた状態は être vacciné(e)。

2005年に鳥インフルエンザ la grippe aviaire が世界的流行病 la pandémie (pandémique は形容詞) になるかもしれないと言われ、2009年には豚由来の新型インフルエンザ la grippe porcine がパニックを起こして以来、日本でもフランスでも手を洗うことが予防

の第一と徹底されました。

　日本では子供の時に食事の前には手を洗うようにと躾けられます。そのためか以前より頻繁に洗う、あるいは速乾性の洗浄液で殺菌するなどの対策へすんなり移行しましたが、フランスの場合はどちらかというと、これまではみんなそれほど熱心に手を洗っているように見えませんでした。しかし、2009年にはさすがに、レストランでも、まず化粧室に直行。時には順番待ちしなければなりませんでした。レストランでは紙のおしぼりさえもでませんから…。

　同時に、日本では予防のためのマスクもつけました。しかし、これはどうも、フランス人には受けなかったようです。インフルエンザにかかってしまって、人にうつさないためならともかく、予防的にマスクをつけて歩くというのは、異様な姿だと思われているみたいです。

　いずれにせよ、手を洗うのが一番効果的な予防法なので、フランスでは薬局だけでなくどこでも小瓶に入った速乾性の洗浄剤が売られています。入れ物が日本よりもおしゃれ！しかも、バッグに入るサイズで3ユーロくらいです。ウエットティッシュは売っていませんから、これを一つ持っていると便利です。ただ、日本のジェルよりも、粘性が低いので、手に取るときにこぼれやすいのが難点です。

かかりつけの先生のところへ行こう aller chez notre médecin !

　オルガが遙香をかかりつけのお医者さんのところへ連れて行こうと申し出ます。

　　On va t'accompagner chez notre médecin de famille.

　動詞 aller を使うにせよ、accompagner を使うにせよ、「お医者さんに」行く場合、médecin は人間ですから、chez une copine（女の子の友だちのうちに）というのと同様に、chez という前置詞が使われます。à はこの場合使えません。これはよくある間違いです。

aller / accompagner chez le médecin
お医者さんのところへ行く / 連れて行く。

　家庭医となる先生は、内科全般を診てくれるお医者さんなので、généraliste と呼ばれます。専門医 spécialiste とは対になります。往診にも来てくれます。

　けれども近年、フランスでは医師不足が深刻です。特に家庭医は負担が大きいので、引退したお医者さんの後を埋める人がいません。

海外旅行保険を使う

　ここで une assurance-maladie とジョアナが言うのは、病気になったときに支払われる保険のことです。一口に医療保険といっても、種類はじつにさまざまですから、そこで「具体的に何かひとつ」という意味で une。

　個人で入るにせよ、団体で入るにせよ、海外旅行の際には保険に入ります。オプションでいろいろとつけることもできますが、そこには基本的に医療保障がついています。お医者さんにかかって、この保険から払い戻しを受ける場合、それぞれの保険会社によって、必要な書類 documents が異なります。

　実際の保険請求手続きは日本に帰ってからになりますが、必要書類を後からフランスのお医者さんに送ってもらうのでは手間も時間もかかります。そこで遙香のように、できればお医者さんに行く前に、日本語対応のアシスタント・デスクに電話を入れておくと、どんな書類をもらっておけばいいのか、教えてくれます。現地にいるときにコンタクトをとって、事情を伝えておくと、日本に帰ってからの手続きもスムーズにいきます。

　この日本語対応デスクはなかなか親切で（といっても、保険会社によるのでしょうが…）、一番近いお医者さんを紹介してくれたり、あなたのかわりにお医者さんと話し、手続きをしてくれることもあります。

また、日本の健康保険によって払い戻しを受けることも可能だそうですので、出発前に一応調べておくといいでしょう。

　急患の場合には、日本の救急車に相当するSAMU（サミュ）を呼びます（電話は15番）。医師が同乗し、救命機器も装備されています。公営ですが、救急車には料金がかかります。

　日本にはないSOS　médecinというシステムで、地域担当のドクターに往診を頼むこともできます（パリの場合、電話：01 4707 7777）。公立の病院はどこも少なからず混んでいるようで、夜間など救急でも待つことがあります。

　もし、パリで具合が悪くなって病院に行かなければならない場合には、American Hospital of Parisへ行くのが安心です。日本語セクションは、日本人の医師とスタッフがおり、24時間日本語対応が得られます。また、保険手続きもよくわかっているので、会計窓口から直接保険会社に請求してもらうことも可能です。

```
American Hospital of Paris
63 Boulevard Victor Hugo
92202 Neuilly-sur-Seine
France
Tel: 01 46 41 25 25
日本語対応の電話番号　33 (0)1 46 41 25 15
（日本の家族が直接かける時も便利なように、フランスの局番から書いておきます）
https://www.american-hospital.org/
cellule.japon@ahfaris.org
```

　より詳しい情報は、外務省の「在外医務官情報（フランス）」に出ています。出発前にご家族とこのページを見て確認しておくと、安心です。

　http://www.mofa.go.jp/mofaj/toko/medi/europe/france.html

C'est gentil ! はありがとうの気持ちを込めて

　gentil (gentille) は辞書を引くと、「親切な」あるいは「優しい」という意味が最初に出ているでしょう。C'est gentil ! という表現は、このシーンのように merci と一緒に使われることが多く、「ありがとう、ご親切に」という意味になります。

　ただ、日本語で「ご親切にありがとうございます」というと、少し堅苦しい言い方になってしまいますが、C'est gentil ! はもっと気軽に使える表現です。人に何かしてもらったとき、Merci ! というだけでなく、C'est gentil ! と続けると、相手の優しさを十分に受け取りましたということも伝えることができます。「助かります！」という気持ちですね。

　Tu es gentil (gentille) ! Vous êtes gentil (gentille) ! という表現も可能です。

　ついでながら、「優しい」という意味で使うとき、「誰に」対して優しくするのかは avec という前置詞を使います。
　Sois gentil (gentille) avec ton petit frère !
　弟には優しくしてあげなさい！

✈✈✈ 出発前のおさらい ✈✈✈

✔ avoir ＋無冠詞名詞の表現をおさらいしておこう

　　avoir mal のほかにも、avoir と無冠詞名詞を組み合わせた成句表現があります。思い出してみましょう。一人称で言ってみます。
　　J'ai besoin de 動詞の不定法 / 名詞 .（〜することが / 〜が必要だ）
　　J'ai envie de 動詞の不定法 / 名詞 .（〜がしたい〜 / がほしい）
　　J'ai honte de 動詞の不定法 / 名詞 .　（〜して / 〜が恥ずかしい）
　　J'ai peur de 動詞の不定法 / 名詞 .　（〜するのが / 〜が怖い）

続けて、動詞や名詞を入れてみましょう。

体調を表す表現もあります。
　　J'ai faim / soif, chaud / froid, sommeil.
　　私はお腹が空いた / 喉が渇いた、暑い / 寒い、眠い。

また、正しい、間違っているというときに用いる表現もあります。
　　Tu as raison / tort.　　君は正しい／間違っている。

✔ 比較級の特殊形を思い出しておこう

	優等比較級	最上級	劣等比較級
bon(ne)(s)	meilleur(e)(s)	[le / la / les]meilleur(e)(s)	moins bon(ne)(s)
mauvais(e)(s)	plus mauvais(e)(s) pire(s)	[le / la / les]pire(s)	moins mauvais(e)(s)
bien	mieux	le mieux	moins bien

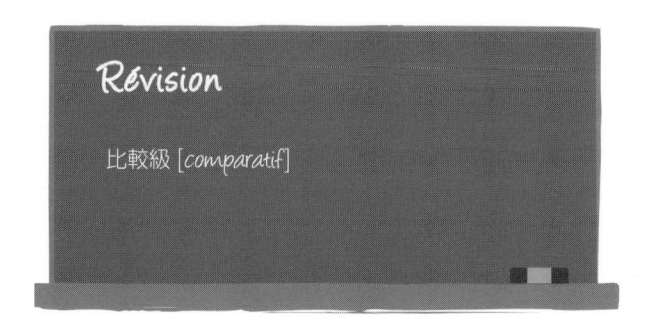

Révision

比較級 [comparatif]

⑫ さようなら、また逢う日まで

楽しかった滞在も終わり、日本に帰らなければなりません。お別れの日…。たぶん、どのホームステイ先でも、こんな会話が交わされるのではないでしょうか…。再会を約束しつつ…。

Situation

すっかりルヴァスール家の一員となった遙香ですが、もう飛行機に乗らなければなりません。

この日はあいにくジョアナの企業研修（卒業前に、会社で研修生として仕事をするシステムで、フランスの「就活」では大事なステップ）と重なり、オルガはジョアナを送っていかなければなりません。空港には来られないオルガとジョアナとは、これが最後のお別れです。フレデリックが遙香を送っていきます。

スーツケースの重さや、機内持ち込みの荷物の準備、パスポートは持ったかなど、玄関で最後の点検をして、いよいよ、別れの挨拶…。さて、気持ちをどうやって表現したらいいのでしょう…。

Scène 12 *Au revoir mais pas adieu*

Frédéric (F) : Alors, Haruka, tu veux toujours partir ?

Haruka (H) : Non, je ne veux pas mais je n'ai pas le choix...

Joanna (J) : D'ailleurs, avec des billets en classe économique, on ne peut pas changer la date.

Olga (O) : Oui, et puis peut-être qu'Haruka en a un peu marre d'être loin de chez elle !

H : Oh, non pas du tout ! Je suis très bien avec vous... Mais vous pourrez reprendre la tranquillité.

O : Reprendre la... ? Ah, tu veux dire « retrouver notre tranquillité ». Mais non, tu ne nous déranges pas du tout... Au contraire, on est très bien ensemble.

F : Bon, trêve de politesses ! Excusez-moi, mais l'heure tourne... Est-ce que tu es prête ? On doit partir dans dix minutes...

J : Et tu as ton passeport ?

H : Oui, ma valise est là. Et mon sac pour aller dans l'avion. Mon passeport est dans mon sac à main. Je crois que je n'ai rien oublié.

O : On va peser ta valise, au cas où. Il n'y a pas de liquide ou de ciseaux dans ton bagage de cabine ?

H : Euh, j'ai vérifié avec Joanna tout à l'heure : j'ai un sachet transparent avec des petites bouteilles. C'est autorisé. Le reste est dans la valise.

F : (arrive avec le pèse-personne) Alors, on la pose dessus... Attention... ... 21 kilos ! Ça passe !

J : Sinon, on t'aurait envoyé un autre Colissimo... C'est quand même moins cher que le kilo de bagage supplémentaire !

O : Je suis désolée mais comme on t'avait dit, j'accompagne Joanna à un entretien de stage. On doit se dire adieu ici.

J : Pas adieu, Maman, au revoir !

H : Oui, j'espère bien que vous allez venir au Japon.

O : C'est prévu ! L'année prochaine ! Promis !

F : (ouvrant la porte d'entrée) Allez, on y va. Comme ça, on peut arriver en avance et tu pourras faire des achats hors-taxe !

Olga et Joanna : (serrant Haruka dans leurs bras et l'embrassant) Allez, au

revoir ! Fais bien attention à toi !
H : Au revoir ! Et encore merci pour tout ! Demain, on se skype !
Olga et Joanna : (quand la porte de l'ascenseur se ferme) Bon voyage !

Expression

Je n'ai pas le choix... 悲しいけれど、選択の余地はない

　離れがたいけれど、帰らなければならない…。pas de choix ではなく、pas le choix と定冠詞になっているのは、選択肢がないのではなく、遙香にとっては de ne pas partir（出発しない）という選択肢はないからですね。

　on を用いて On n'a pas le choix. と言えば、それは全員にとって、「選択の余地がない」「仕方がない」ということになります。

On ne peut pas changer la date.

　la date は changer の直接目的語で、「日にちの変更」という意味になります。　あれ？　changer という動詞は、「変更する」という意味では de ＋無冠詞名詞 (単数) で間接目的語をとるのでは…？

　たとえば、よく変わるものの代表、avis（考え、意見）。

　J'ai changé d'avis.　考え(気)が変わった。

　「自分の意見」を変えるのだから、mon avis と言ってしまいがちですが、それはダメ。

　changer ~~mon~~ avis　⇨　changer d'avis

　changer mon avis も、文法的には可能なのですが、一般にこういう言い方はされないという意味で間違いになります。ちょっと、

むずしいですね。

changer d'avis と changer mon avis の違いを考えるには、次のような例文が参考になります。
　　changer de chambre　　部屋を替える（部屋自体をちがうものに交換する）
　　changer ma chambre　　部屋（の内容）を変える（部屋は同じ）

ホテルで部屋を替えてもらいたい時は changer de chambre。ma chambre（今、自分のいる部屋）は une autre（別の部屋）に変えてもらった時点で、もう ma chambre とは言えなくなくなります。ma chambre で指し示されるものは、今度はまったく別の部屋です。

しかし、部屋の模様替えをする場合には changer ma chambre。その部屋がどんな姿になろうと、それは ma chambre であることに変わりありません。

たとえば、好きな色。「水色が好き」「ピンクが好き」…いろいろな avis があります。昨日は「青色が好き」だったけれど、今日は「ピンクが好き」と思えば、「水色が好き」という昨日の avis は、ちょうどホテルの ma chambre が 2207 号室から 714 号室に替わった時のように、それはもう mon avis ではないのです。

de を伴った表現、changer d'avis 型の構文になるものには、changer de train（列車を乗り換える）、changer de place（席を取り換える）、changer d'adresse（住所を変える）などがあり、どれも、以前のものは「自分の所有（占有）」ではなくなって、同種の別のものに置き換えられることになります。

さて、遙香の場合、彼女の飛行機の切符は、日付の変更ができません。つまりあらかじめ決められた「その日」を変えるわけにはいきません。そこで **On ne peut pas changer la date.** というわけです。

ところで、ジョアナは「エコノミーだから、日にちの変更はできない」と言っていますが、航空会社の設定する正規料金を支払えば、予約の変更は可能です。ただし、かなり割高な切符になります。急

な予定変更があらかじめ見込まれる場合には、正規料金を払う価値がありますが、そうでない場合には、格安の航空券を買うのが一般的でしょう。

...et puis peut-être qu'Haruka en a un peu marre d'être loin de chez elle...

　この表現は et puis, peut-être que, en avoir marre de... と三つの成句が連続しています。ファミリーも、おそらくみなさんが帰るころには、より日常的な表現を繰り出し、一回の発話の言葉の量も多くなってくるでしょう。最後まで、気を抜けませんね。しかし、大丈夫です。みなさんも、4週間後には相当鍛えられていることでしょうから。

　et puis は「それに」「それから」と、話題をつないでいく表現です。peut-être que は peut-être だけだったら、すでに見たことがあるでしょう。「たぶん」の意味でしたね。さらに que 以下をつなげて、「たぶん、que 以下のようなことだろう」と推測を述べます。que 以下の動詞は直説法です。

　この中で一番見慣れないのは en avoir marre de... という成句かもしれません。marre って、動詞？　形容詞？　いったい何なの？　疑問に思われるのもごもっとも。辞書を引いても、「marre は副詞」としか出ていません。実際、この成句以外 en avoir marre de... で、この単語を使うことはないのです（C'est marre. という表現もあるにはありますが、会話で使われるのはきわめて稀です）。

　en avoir marre de... は何かに「飽きた」状態を言います。
　Tu n'en as pas marre de rester toujours à la maison ?
　家にばかりいて、飽きない？

　遙香がルヴァスール家に「飽きた」とは、とても思えませんが…。

居心地の良さは、言葉にできない…

être bien は「そこにいることが、気持ちいい」こと。なかなかぴったりの日本語がありません。居心地の良さを表します。

être bien avec qn で「誰かと一緒にいる」のが、快適なこと。遙香は次のように言います。
Je suis très bien avec vous.　みなさんといると、心地よいです。

日本語では、こんな言い方はしないでしょうね。たぶん、「みなさんといるのが、楽しい」とか「一緒にいると、楽しいね」とか、そんな感じです。

avec qn の代わりに、ensemble を使っているのが、オルガのヴァリエーション。
On est très bien ensemble.
みんな、（あなたと）一緒にいるのがとても楽しいの。

日本語にはなりにくい表現ですが、フランス語としては、居心地を表す一般的な表現です。最後に、ヴァリエーションとして、ひとつ加えておきます。
Je suis très bien ici.　ここがいい（ここが大好き）。

フランスに滞在中、何度もこんなふうにつぶやけたら、それは最高のホームステイですね。

la tranquillité

遙香は自分の存在が家族の静かな生活に少なからず影響を与えただろうと考えています。日本的メンタリティとしては当然の発言…。そこで「自分が帰った後に、ルヴァスール家は再び静かさを取り戻すだろう」という意味で、reprendre を使ってみました。オルガはこれを retrouver という動詞に言いかえます。

そもそも la tranquillité は「そこに見出される」「trouver される」性質のもので、だからこそ retrouver という動詞が用いられるのです。

reprendre を使って la tranquillité を再び見出すのがむずしいことは、試しに prendre に置きかえてみるとよくわかります（× prendre la tranquillité）。ね、なんだか、変でしょう？

trêve de politesses

trêve は女性名詞で一時的に中断することを意味します。中断するには、それが続いていたことが前提になっています。Trêve de *qc*！で、続いている何かを、そのあたりでやめてくれというわけです。ここでは politesse、つまり、お別れの挨拶ですね。

フランスでは、パーティの後などでも、「さようなら」を言ってからそこを立ち去るまでに 30 分はかかると言う人もいるくらい。30 分は大げさだと思いますが、一人一人に別れのキスをしていると、時間がかかるのは確かです。タイミングを計るのがとてもむずしいのが、この別れ際…。フレデリックが促さなければ、時間はどんどん過ぎてしまいます…。

au cas où…　それでも、念のために

スーツケース、機内持ち込み荷物、パスポート…、出発前の点検です。遙香はちゃんと準備できているようですね。

帰国の際に、最も悩ましいのが、預ける荷物の重量。エコノミーの切符では制限が 20 ～ 23 キロ（航空会社によって違います）。4 週間分の思い出とお土産が詰まって、荷物は到着したときより、確実に増えます。しかも、冬なら、服がすでに重たい…。

空港のチェックインで重量オーバーすると、過酷な超過料金が待っています（これも航空会社によって違いますが、1 キロ 1 万円前後でしょうか…）。預ける荷物の重さが制限を超えていると、手荷物もチェックされます。重量はダイレクトに燃費に影響するため、どの飛行機会社も、年々厳しくなっています。

そこでフレデリックは、On va peser ta valise, au cas où. と、遙

香のスーツケースの重さを計ってみることに…。

　ここに出てくる au cas où は、où のあとに条件法の動詞をしたがえて、「～の場合に備えて」という意味になります。しかし、ここでは、文章が où で切れてしまっています。じつは、全部言わなくても、この状況なら、「どういう場合」を想定しているかが、わかるからですね。

　　　au cas où elle (ta valise) serait trop lourde（スーツケースが重すぎる場合に備えて）、あるいは au cas où le contrôle serait sévère（チェックが厳しい場合に備えて）と続けるところを省略しているのです。

　日本語でも、こんなとき、具体的には想定される事柄を示さないで、ただ単に「念のため」と言うのではないでしょうか？　単独で使われる au cas où はまさにそんなニュアンスです。

pas de liquide ou de ciseaux...
液体もはさみも機内には持ちこめない

　スーツケースの重量だけでなく、機内持ち込みの荷物に関しても、細かな規定があります。9.11 テロのあと、度重なるテロの恐怖によって、この制限はたいへん厳しくなっています。

　液体は一本が 100㎖ 以下の容器に入れ、1ℓ以下の透明の袋（だいたい 20 × 20 センチ）に入れなければいけません。一人につき、その袋が一個だけ許されます。「液体」の中にはジェル状のもの、練状のもの、半固形物も含まれます。そうなると「チーズは？」「口紅は？」「歯磨き粉は？」といちいち気になってきますね。

　チーズは液体か？　こうした判断がじつはまちまちであったりします。空港の免税店で購入したものは、特別のビニール袋に入れられて、到着まで開けてはいけない、いや、開けてもいい…と、これまた意見がいろいろです。

　それだけでなく最近は、機内に持ち込む品目だけでなくて、荷物

自体のサイズにも厳しい制限を設けている航空会社があります。状況の変化に応じて、規制されるものが変わる場合もありますから、もっとも確実なのは、前もって、利用する航空会社に確認することです。

le pèse-personne 体重計

これも動詞 peser と目的語 personne からなる造語です。計り la balance という表現も用いられます。

荷物だけでなく、たぶん帰国時には体重も重くなっていることでしょう…。フランスから帰国する人の宿命といえます。

強い味方、Colissimo !!!

遙香のスーツケースは 21 キロ…。たぶん大丈夫でしょう。この重さに抑えられているのは Colissimo（コリッシモ）という郵便局の小包便のおかげです。

日本に送る場合は、Colissimo Emballage international というサービスが便利です。5 キロまで（L サイズ）と 7 キロまで（XL サイズ）の箱があり、郵便局でこの箱を買うときに、料金を支払い、あとは、ものを詰めて、2 種類の書類を書くだけです。料金は 36.50 ユーロ（5 キロ）、43 ユーロ（7 キロ）。(2011 年 3 月現在)

ほぼ 1 週間以内に日本まで届き、荷物が今、どこにあるかもインターネットで追跡できます。紛失に備えて、1 キロにつき 23 ユーロの補償がついていますが、もし、もっと手厚い保障が必要なら、さらに保険を加えることができます。また Colissimo には、ワインの瓶を送るための特別な箱もあります。

空港で払う超過料金より、はるかにお得です。Colissimo については、郵便局 la Poste のページをご覧ください。

Colissimo http://www.colissimo.fr/particuliers/home.jsp

Envoyer un colis の下のボタン→ Découvrir l'offre Colissimo をクリックすると一覧に行きます。

種類は vers la France（国内）、vers l'Outre-mer（海外県）、vers l'International（海外）の三つ。

日本へは vers l'International の Colissimo Emballage International を選びます（なぜか、このページでは箱の色が青ですが…）。すると次のページで一通りの説明がありますから、右はしの infos pratiques のところにある bien remplir les documents de transport をクリックすると、書類の書き方のページへ行きます。

Les liasses d'affranchissement の下にある Colissimo Emballage International を選んでクリック。詳しく書類の書き方が出ています。

遙香はジョアナに手伝ってもらって、すでに Colissimo を送っているようですね。それは次のジョアナの表現でわかります。
Sinon, on t'aurait envoyé un autre Colissimo...

sinon は条件節のかわりに使われていて、「そうでなければ」つまり、「スーツケースが制限重量を超えていたならば」ということです。動詞は条件法過去が使われています。「さらに別の Colissimo を送っていただろう」ということ。つまり現実には送らなかったのです。

少しわかりにくいのは、遙香が目の前にいるのに、荷物の宛先として te で示されているせいでしょう。「遙香に送っていただろう」と解釈すると、まだ日本に戻っていない遙香と矛盾しそうです。ここでは「受取人としての遙香」だと考えるほうが無理がありません。

Adieu では悲しすぎる…再見の約束 Au revoir

Adieu. と言ったら、劇的ですが、それでは「永遠の別れ」「二度

とふたたび会えないかもしれない」くらいの重みがあります。オルガは感極まって、つい Adieu. と口走ってしまったようですが、Au revoir. のほうがよろしいのではないかと、ジョアナにたしなめられてしまいました。

それでも悲しすぎるというなら、À bientôt ! と言って「できるだけ早く再会したい気持ち」を表すこともできます。À très (très...) bientôt ! と言うと、très の数が増えるだけ、会うまでの時間が短縮されそうな気がしてくるから不思議です。

今やフランスは日本ブーム。Cool Japan で、日本文化への関心も高まり、飛行機でスィッとやってくる人もいます。エールフランスはエアバス新型機種を導入しました。ヴァーチャルには Skype で 24 時間コミュニケーション可能！ 遙香も日本に着いたら Skype すると約束しています。だからといって、別れの悲しさが軽くなるわけではないのですが…。

100 万遍の Au revoir と力の限りの抱擁を…

最後の最後の瞬間まで、別れがたいのですが、それでも出発しなければなりません。そこで、もはや言葉にはならない最後のお別れ、s'embrasser の登場です。

フランスへ来て、最初は戸惑ったこの習慣…。会えば抱きしめあい、頬をすり寄せ、右に左に、2 往復（地方によって、また人によって回数が違うようです）。いざ、帰国となって、はたと気づけば、この s'embrasser に、何の抵抗もなくなっている自分に気づくでしょう。それどころか、日本ではもう、こんなことできなくなるんだぁ…と、ちょっと寂しい気も…。

ファミリーのみなさんと、しっかり抱きあって、お別れしてください。Adieu は言わない…。けれど、次にまた会えるかどうかは、本当に、誰にもわからないのですから…。

✈✈✈ 出発前のおさらい ✈✈✈

✔ 未来を見つめて、単純未来を練習しておこう

　さあ、この本をここまで読んだみなさんは、もう、ホームステイに旅立つ日も間近なのではないでしょうか？

　フランスへ行ったら、あれもしたい、これもしてみたい…夢がいっぱい膨らんでいることでしょう。どんなことを夢見ていますか？　あなたが、思い描く未来をフランス語の単純未来を使って、書き出してみましょう。

　直説法現在の活用を徹底して練習した後なら、単純未来なんて簡単。

　語尾の形はすべての動詞に共通です。まず基本的な -er 動詞 aimer を使って活用してみましょう。

j'aimerai	nous aimerons
tu aimeras	vous aimerez
il aimera	ils aimeront

　語幹は不定法と同じことが多いですが、例外もあります。語尾変化が共通なので、1 人称を覚えておけば、2 人称以下は活用できますね。

aller	→	j'irai
venir	→	je viendrai
voir	→	je verrai
faire	→	je ferai
pouvoir	→	je pourrai

（tu 以下を続けてください。）

単純未来は未来のことを言うだけでなく、ほかにも用法があります。たとえば、2人称で、やわらかく命令を表すことができます。
Tu diras bonjour à tous de ma part.
私の代わりにみんなによろしく伝えてね。

そのほかにも断定を避けるなどの用法もあります。気づいたときに、用法をノートしておきましょう。

また、avoir / être の単純未来と過去分詞を組み合わせる複合形は、未来完了を表します。
Les travaux de la maison seront complètement finis dans trois jours.
3日後には家の工事は全部終わっているだろう。

✔ そして帰ってきたときのために、直説法半過去をおさらいする

半過去をおさらいする前に、Scène 3 で覚えた複合過去と大過去を思い出しておきましょう。ひとつひとつの過去の出来事は、完了したものとして、複合過去で表すことができます。起きた順番に、A、B、C、D、E... と並べていくならば、動詞は全部、複合過去形でかまいません。
複合過去：avoir / être（直説法現在）＋過去分詞

けれども、A、B、C、D、E... と出来事を並べたあとで、その前に起きた X があったことを思い出したとします。出来事 X は時間的に、A、B、C、D、E... よりもっと前の出来事だという「印」をつけないと、時間的な順序がわかりません。そこで複合形の avoir / être を半過去形に変えます。それが大過去でした。
大過去：avoir / être（直説法半過去）＋過去分詞

出来事を年表のようにただ並べるだけなら、複合過去と大過去の二つで十分なのですが、もう少し描写を詳しくしようとすると、半過去が必要になります。

直説法半過去の活用は、動詞の語尾が変化します。これは現在形と同じです。

語幹は直説法現在 1 人称複数（nous ▓ons）の形と同じです。（être は例外で êt-）

je	▓ais	nous	▓ions
tu	▓ais	vous	▓iez
il	▓ait	ils	▓aient

では、dormir を使って、活用してみましょう。（nous dormons）

基本的な意味は「未完了」、あるいは継続です。といっても、ちょっとわかりにくいですね。複合過去との違いが大事なので、次の例文を比べてみましょう。

複合過去　J'ai dormi.　　　　半過去　Je dormais.

複合過去は完了ですから、dormir という行為はすでに「終わった」ものとして、表現されています。それ故に、その行為の結果が、現在に何等かの影響を残します。J'ai bien dormi. と言えば、「よく眠った」。つまり、その結果として、「今、すがすがしい気分だ」とか「元気だ」ということがあるわけです。

一方、半過去は未完了ですから、dormir という行為は「終わっていない」ことになります。え！　過去なのに！？　そうです、そこがツボ。過去の行為ですが、「終わっていない」とはどういうことかというと、それは過去の時点において、その行為が行われていることに焦点を合わせている言い方なんです。

防犯カメラの映像を思い浮かべてください。コンビニ強盗…。怖いですが、それは一週間前の出来事です。覆面した男が入ってきます。あっ、ピストルを出しました。レジの人が手を挙げている様子が映っています。お店の奥には、そうとは知らずにおしゃべりしている女の人がいる…。

今、見ているのは過去の映像です。店に「入ってくる」、ピストルを「出す」という行為はその都度、完了しています。しかし、「レ

ジ係が手を挙げている」、「女の人がおしゃべりを続けている」のはその状態です。実況中継なら、強盗については「入ってきました！」「出しました！」と過去形で、お店にいた人たちに関してはそのまま現在形で「手を挙げています」「おしゃべりをしています」と説明されるのではないでしょうか？

　これをフランス語の文章にすると前者が複合過去、後者が半過去になります。これがウエスタンなら、悪者が入ってきたその時、映画の用心棒は机に長い脚をのっけて眠ってたりします…。Il dormait...

　半過去形がよく「過去における現在」というように言われるのは、この例のように、過去における状況の説明に使われるからです。そのとき、どうだったか…。そして、このどうだったかは、いつからそうで、いつまでそうだったかは問題にされません。そのような状態にあったということだけを言いたいのです。

　Quand tu m'as téléphoné hier soir, j'étais crevée et je dormais devant mon ordinateur.
　あなたが昨日電話してきたとき、私はくたくたで、パソコンの前で眠っちゃってたのよ。

　大事なことは複合過去と半過去のニュアンスをしっかり区別することです。日本に帰ってきたときに、フランスでの出来事を思い出しながら、使い分けてみましょう。何があったのか、その時どのような状況だったのか…。

　半過去形には、この基本的な用法を発展させて、過去における「継続」の意味を表すこともあります。そして、一回の行為がある期間継続的に行われたような場合、過去における「習慣」を表現することもできます。

　J'achetais un sandwich à cette boulangerie tous les matins avant d'aller à la fac.
　大学に行く前に、毎朝このパン屋さんでサンドイッチを買いました。

（acheter は一回一回完了する行為ですが、半過去はそれが習慣的に行われたことを表しています。）

このようにフランス語の動詞、特に過去形にはたくさんの種類があって大変そうですが、それらの違いがわかってくると、表現の豊かさを実感します。

✔ 動詞の体系を見渡しておく

この本でも、直説法のほかに、接続法や命令法を勉強しました。中級で大切なことは、これまでにばらばらに覚えてきた動詞の使い方をひとつのシステムとして覚えていくことです。ここで一度、習ってきた動詞を体系的に関連づけて整理してみましょう。

フランス語の動詞の体系は叙法（mode）と時制（temps）の組み合わせによります。

叙法というと堅苦しい気がしますが、モードと言えばわかりやすいですね。携帯電話の「電波 off モード」とか「マナーモード」のモードと同じ。用途に合わせて切り替えて使うことです。

フランス語では、不定法、直説法、条件法、接続法、命令法があります。

不定法は動詞が変化していない、ニュートラルな状態にある「辞書の見出し語の形」です。主語や属詞になることもできます。

直説法は基本的に世界をあるがままに記述するモードといわれます。

条件法はその動詞で表される出来事が現実の世界では起きていないことを語尾活用で示します。本文では説明する機会がなかったので、簡単に条件法の特徴を述べておきましょう。

条件法現在の語尾活用は、すべての動詞に共通で、次のような形

になります。

　わかりやすい er 動詞の aimer を使って活用してみます。

j'aimerais	nous aimerions
tu aimerais	vous aimeriez
il aimerait	ils aimeraient

　活用語尾の形は、r ＋直説法半過去の語尾になります。単純未来の活用語尾と比べてください。そこにも r の音が現れています。いずれもこの r の音が、現実の世界には起きていないこと（けれども、起きることが予測されている＝単純未来、ある条件下では起きえたこと＝条件法現在）を表す「印」になっています。

　用法としては、仮定を表すほか、時制の一致（過去における未来）、あるいは語気を和らげる Je voudrais... に使われます。

　接続法は Scène 2 で練習したように、que で導かれる従属節中に用いられ、基本的には語り手の意識の中にある事項を述べる、主観的な叙法です。

　命令法は直説法現在から容易に導き出せます。（例外、avoir : aie ayons ayez、être : sois soyons soyez）

　これらの叙法を切り替えながら、一方で時制を選んでいきます。時制には大きく二つの区別があり、語尾変化だけのもの（単純形）と avoir / être と過去分詞を組み合わせるもの（複合形）があります。複合時制の完了のニュアンスを覚えておくのがツボです。

　次の表の太字で囲みのついたところ（例：現在）は、今の段階できちんとできていることが望ましい動詞変化です。これらをまずしっかり、練習しましょう！　aller の活用を入れてみましょう。つぎに、faire、mettre、voir... と、思いつくままに活用させてみましょう。

叙法	単純形 語尾変化だけ	複合形 avoir / être + 過去分詞
不定法		avoir / être（不定法）＋過去分詞
直説法	**現在** **半過去** **単純未来** 単純過去 （書き言葉のみ）	**複合過去** avoir / être（直説法現在）　＋過去分詞 **大過去**　avoir / être（直説法半過去）＋過去分詞 前未来　avoir / être（直説法単純未来）＋過去分詞 前過去　avoir / être（直説法単純過去）＋過去分詞 （書き言葉のみ）
条件法	**現在**	**過去**　avoir / être（条件法現在）＋過去分詞
接続法	**現在**　que 半過去 （書き言葉のみ）	過去 大過去　（書き言葉のみ）
命令法		————

Révision

単純未来 [futur simple]
半過去 [imparfait]
条件法 [conditionnel]
動詞の体系 [système de verbe]

潜入レポート：オルレアン大学語学研修

お勧めは地方都市でのホームステイ

　この本ではパリでのホームステイをご紹介しましたが、もうひとつの選択肢として、地方都市を選ぶ方法もあります。パリはたいへん魅力的な都市ですが、刺激が多すぎるのも事実。つい、あれも食べたい、これも買いたい、あっちも行きたい、こっちも見たいと欲望に引きずられ、気が散ってしかたがない、くたびれる、ということも…。それなら、いっそ地方都市を選んでしまうのも賢い方法です。

　地方都市の良いところは、ほどよい大きさで、どこに何があるか地理的に把握しやすく、より早く「生活者の目線」になれることです。日常的な買い物をするお店の人もあなたの顔をすぐ覚えてくれるでしょう。

　むしろホームステイを100％満喫できるのは、落ち着いた地方都市なのではないか。そこでよいホストファミリーに恵まれ、フランスの普通の人の生活を数週間生きることができれば、パリで欲望の嵐にきりきり舞いするよりも、はるかに深くフランスを知ることができるのではないか、とも言えるのです。

　そして、そんなうらやましいホームステイを実現している大学が実際にありました。

ジャンヌ・ダルクの町で！

　オルレアン大学は日本の複数の大学と単位認定の提携をしています。

たとえば、ある大学は、オルレアンでの4週間の語学研修を1年次の終わりの集中講義として位置づけています。午前3時間、午後2時間、月曜日から金曜日まで週5日間授業があり、試験も含めて4週間の学習時間数は85時間にもなります。
　他大学のプログラムによっては、午前中だけの授業のところもあり、4週間で60時間程度の授業時間数というのも多い中、これは文字通り集中講義形式です。

　宿泊は全員ホームステイです。ホストファミリーがどのようにオルレアン大学によって厳選されているかは、後ほど述べることにします。

　週末は授業がありませんので、自由に過ごせます。ファミリーとお出かけ、あるいは友人たちとパリへ買い物、中には、この時間を利用して、パリのオペラ座でバレエの特別レッスンを受けに行くツワモノもいます。オルレアンという都市は、パリから120km離れていますが、電車に乗れば1時間でパリ・オーステルリッツ駅まで着いてしまう距離なのです。課外活動として、日帰りでロワールのお城めぐり、一泊二日の世界遺産モン・サンミシェル見学のバスツアーが組み込まれています。

　授業最終日に試験があり、この成績が日本に送られて、単位認定が行われます。今年からこの最終試験がフランス政府公認のDELF（A2）に置き換えられました。これは1985年5月から行われているフランス教育省認定フランス語資格試験で、DELF（デルフ、Diplôme d'études en langue française）とさらに上級のDALF（ダルフ、Diplôme approfondi de langue française）があります。この試験が導入されたことにより大学の単位だけでなく、語学運用能力を示す公式の免状もいただけるわけです。

　ちなみにDELF（A1・A2・B1・B2）/DALF（C1・C2）あわせて6段階あり、上級の免状を取得すると、フランス留学の際にフランス語能力試験が免除されたり、フランス政府の給費留学生試

験の一部が免除されます。現在 160 か国で実施されているそうです。フランス留学を考えている人には、ぜひがんばって挑戦していただきたい資格試験です。詳しくは、

在日フランス大使館
http://www.ambafrance-jp.org/spip.php?article1829
大阪日仏センター＝アリアンス・フランセーズ
http://www.calosa.com/delfdalfjp/index.html

　DELF（A2）のレベルは、ヨーロッパの言語を母語とする場合には 100 〜 120 時間ですが、日本語を母語とする人にとっては、さらにその 2 〜 3 倍の学習時間が必要だとされています。仏検とは試験の内容が違うので一概に比較はできませんが、仏検 3 級が 200 時間、準 2 級が 300 時間の学習を目安にしていますので、3 級かそのちょっと上ぐらいと考えてよいのではないでしょうか。

　この DELF/DALF は合格すればその資格は一生有効です。ついでながら、英語の TOEIC のようにスコアで測るフランス語の学力試験に TCF（テーセーエフ、Test de Connaissance du Français）があります。これもフランスの教育省が行う試験ですが、CIEP（セーイーウーペ　国際教育研究センター）によって考案され、等級づけされたフランス語の運用能力が数値化されるものです。したがって、こちらは不合格ということはありません。詳しくは、

在日フランス大使館
http://www.ambafrance-jp.org/spip.php?article1830
CIEP　http://www.ciep.fr/tcf/

　このように最終試験がありますので、みんな真剣に勉強します。

　4 週間はあっという間です。新しい出会いがあり、失くしものをしたり、風邪を引いたり、食べ過ぎたり、初めて見るものに興奮したり、試験勉強もしなくちゃいけないし、

息つく暇もありません。そして、最後にファミリーとのつらい別れ…。空港まで行くお迎えのバスが出発するまで、涙、涙のキスの嵐です。

さて、こうして30人以上の学生さんたちのために、盛りだくさんで濃密なフランス滞在を支えててくれるのが、オルレアン大学のみなさんです。大学側はどんな準備をして外国からの学生を迎え入れるのでしょう。ふつうは陰に隠れて見えない部分をご紹介します。

ローマは一日にしてならず：オルレアン大学のスタッフの人々

オルレアン大学に付属する語学学校の正式名称はInstitut de Français de l'Université d'Orléans (IDFUO) といいます。長いので省略して、ふだんは単にIDF（イデーフ）と呼んでいます。ここでは毎年22か国から、1年単位で在学する学生120〜130人、短期の語学研修生100人ほど受け入れています。詳しくは、

オルレアン大学
http://www.univ-orleans.fr/lettres/
Institut de Français
http://www.univ-orleans.fr/lettres/idf/francais/

フランスでは2009年7月から、外国人にフランス語を教授する学校に政府がその質を保証するQualité français langue étrangèreという認証を発行しています。この認証は2006年から外務省（Le ministère des Affaires étrangères et européennes）、高等教育・研究省（le ministère de l'Enseignement supérieur et de la Recherche）、文化・通信省（le ministère de la Culture et de la Communication）が中心となって準備してきたものです。つまりこの認証は、共和国の言葉であるフランス語の管理と正しいフランス語の普及のために政府の肝いりで作られました。なんだかフランス特産のワインやチーズについているAOC（原産地呼称統制制度）と似ていますが、それはさておき、現在この認証を有する学校は77あります。もちろんオルレアン大学のIDFもその一つです。詳しくは、

Répertoire de centres de français langue étrangère en France
http://www.qualitefle.fr/Avant_propos.aspx

　オルレアン大学がIDFをつくったは2007年ですが、その前から語学研修は行われていました。それまでは、外国との窓口になっていたSRI（エスエルイ　Service des Relations internationales）という部署が授業プログラムから宿泊の世話まですべてを担当していたのです。ローマは一日にしてならず、それまでのSRIの仕事が現在のIDFを支えています。

　2007年の大学組織改編で、SRIはDRI（デーエルイ Direction des Relations internationales）と名称を変えました。DRIでは引き続き外国人学生の生活の支援を担当、一方、新たに作られたIDFでは授業などの教育プログラムを受け持つように役割分担が行われました。オルレアン大学の語学研修は、こうしてDRIとIDFとの両方から支えられているのです。

　今回お話をうかがうことができたのは、国際関係部門であるDRIの責任者であるマダム・フコーと、教育部門であるIDFの教務担当ソフィ・ジャラベールさん、ナディーヌ・ミエさんです。そして、ふたつが分離する前、SRIの時代にオルレアン大学のホームステイ・システムの基礎をつくったマダム・メニゴスとマダム・コックスヘッドがその苦労話を聞かせてくれました。

　オルレアンの町はジャンヌ・ダルクの名前とともに日本でも知られていますが、パリから120kmほど南に位置し、お城がたくさんあることで有名なロワール川沿いの小さな都市です。人口は11万人ほど（2006年の統計）。中世以来大学都市として発展してきた歴史もあり、現在のキャンパスはロワール川を対岸へ渡った南の郊外にあります。のどかな路面電車が二つをつないでいます。

　ホストファミリーの中には市内でお店を経営しているうちもあり、町を歩いていると「知っている人」によく会います。パリのように日本人が多くありませんから、町の人は若い日本人を見かけると、「ああ、オルレアン大学の留学生だろうな」と見てくれるよう

です。

DRIの責任者、マダム・フコーはオルレアン大学の外国に対する顔であり、海外出張も多く、外国の代表団もひっきりなしにキャンパスを訪れるので、いつも忙しい毎日を送っています。マダム・フコーのお話をうかがうと、オルレアンでは大学と行政と市民が協力して、町全体で外国からの留学生を受け入れていることがよくわかります。

授業の具体的な内容については、IDF教務担当のソフィとナディーヌにうかがってみました。授業を担当する先生は全員、教員資格をもっています。第二外国語としてのフランス語FLE（フルゥ Français langue étrangère）の免許ももっています。これは大切なことで、ネイティヴであるというだけでは、外国人にフランス語を効率的に教えることはできないのです。FLEはフランス語を母語としない人のためにフランス語を教える教授法をちゃんと勉強して得られる資格です。

IDFが提供する語学研修は、語学能力の段階別、期間別にいろいろな組み合わせがあります。個人で参加しやすいのは夏に4週間開かれるスタージュでしょう。全部で75時間の集中講義とさまざまな課外活動（シュノンソー城やワイン蔵の見学など）も含めて、2010年の参加費は980€。宿泊費は別。研修中は図書館などの学内施設も自由に使えます。

大学を通じての提携では、最低55時間の授業数から、希望に沿った語学研修がカスタマイズされるそうです。ちょうど、2010年の夏のスタージュのページに、日本の大学のことが載っています。詳しくは、

IDF　http://www.univ-orleans.fr/lettres/idf/francais/?page=8

　ソフィーとナディーヌ、この若い二人が、教科書を配ってくれたり、課外活動に同行してくれたり、場合によっては忘れ物を探してくれたり、つねにみんなに気を配り、手厚くサポートをしてくれますので、みな自然に prénom で呼び合うようになります。

　さて、いよいよ、この大学の最大の目玉、ホストファミリーのネットワークについて、その成立を旧 SRI のマダム・メニゴスとマダム・コックスヘッドに訊いてみましょう。

きっかけはジャンヌ・ダルク祭り !?

　大学のホストファミリーのネットワークは、ジャンヌ・ダルクによるオルレアンの解放を祝って、1430 年から続いているお祭り「フェット・ドゥ・ジャンヌ・ダルク Fêtes de Jeanne d'Arc」に始まります。このお祭りはジャンヌがオルレアンに到着した 4 月 29 日から町を解放した 5 月 8 日まで続きます。毎年、乙女ジャンヌが甲冑をつけ、馬に乗って町を行進するところから始まりますが、一週間の間、オルレアンの町は完璧に中世一色。装飾品や食べ物や武器を並べる商人、大道芸人が火を噴く中世の市も開かれます。詳しくは、

　ジャンヌ・ダルク祭の公式サイト（動画も見られます。）
　http://www.orleans.fr/fetes-jeanne-darc-2011

　町をあげての時代祭。この時、世界中から観光客も集まってきて、町は人であふれます。そう、問題は小さな町ですから、泊まるところがそんなにないんです。そこで、有志が無料で自分の家庭を宿として提供したことがきっかけとなり、ひとつのリストができました。大学はこのリストをそのまま活用しないでおくのはもったいないと考えたそうです。

　そして、このリストをもとに、外国人留学生を受け入れるホストファミリーのネットワークが作られていくのです。

ところで、オルレアン市民なら誰でもこのリストに登録できるかというと、そうではありません。マダム・コックスヘッドはいくつかの厳しい条件があるといいます。

　まず、経済的にある程度余裕がある家庭であること。
　次に、社会的地位が安定していること。
　自分の子供のように受け入れられること。
　40歳以上であること。
　外国人の受け入れと文化交流に積極的であること。

　これらの基本条件をもとに、面接が行われます。独立した寝室を提供できるかどうか、家の中の様子、普段の生活などがチェックされます。

　しかし、ご夫婦が国際結婚であったり、肌の色が違ったり、事実婚であったり（フランスには同居契約など、さまざまな「結婚」の形があります）などはまったく登録の妨げにはならないといいます。
　マダム・コックスヘッドは言いました。
「フランスは移民の国です。フランス人は肌の色、髪の色、出身地などで人を差別しません。スタジエールにもそのことだけは、きちんと心得ていてもらいたいのです。」

　実際にあった例として、ひじょうに不幸な出来事をお話しいただきました。
　そのお宅はマダムが肌の白いフランス人。そしてムッシューが肌の黒いフランス人でした。二人は別々に住んでおり、週末や平日の夜をマダムの家で一緒に過ごすという関係でした。お子さんもいて、正式に結婚してはいませんが、とてもよい関係だと思われました。
　その家庭に日本から来た女子学生がホームステイすることになります。しかし、パートナーの男性が来ると自室に引きこもってしまい、口をきこうともしない。帰るまで絶対に部屋から出てこない。マダムは困惑して、大学に相談しました。
　マダム・コックスヘッドは言います。「この家族はフランス人としてはごく普通の、当たり前のカップルなのです。」

もちろん、人と人とのことですから、時にはどうしてもホストファミリーと合わないということもあります。この学生さんの問題は、どういう理由であれ、むしろそのことをはっきりと伝えるべきでした。拒絶という表現は、相手を傷つけるだけで問題の解決にはなりません。この語学研修にかかわる人たちはみな、スタジエールはまだフランス語がよく話せないことを十分すぎるほど知っているのですから、伝える努力さえすれば、わかってもらえたでしょうし、そこから解決策を見つけられたかもしれません。日本では肌の色が違う人が一緒に暮らす環境に慣れていないとしても、この家庭のことをよく知ることによって、新しいものの見方が開けたかもしれないのにと思うとたいへん残念です。

　じつはオルレアン大学では、どのファミリーがどの学生さんを受け入れるかということに細心の注意を払っています。ある大学の2月の研修旅行の場合には、12月の末までに学生さんの細かいプロフィールが写真入りでオルレアン大学に送られます。そこにはひとりひとりの食事の好みから、趣味、持病はないか、アレルギーはないか、子どもは好きか、タバコは吸うのか、動物は苦手じゃないか等々、事細かな情報が書き込まれています。このプロフィールと受け入れ家族のリストをつきあわせ、およそ一か月半かけてマッチングを行います。これを担当するのがマダム・メニゴスの役目です。

「マッチングが成功したかどうかは、蓋を開けてみないとわからない、つまり実際に学生さんがファミリーと暮らし始めないと。いつもドキドキします。そして、うまくいった！と知るとほんとうにほっとして、うれしいのです」

　たとえば、バレエを習っている学生さんには、さりげなくダンスの先生の家庭を紹介します。家庭での会話の中から、自然にお互いの共通点を発見して、びっくり。いっそう親近感を持って、会話もはずみます。その楽しそうな姿を見るのも、マダム・メニゴスが仕事にかける情熱の原動力のひとつになっているようです。

誰もが不安…で始まるホームステイ

　初めて外国人の家庭で暮らすあなただけでなく、「外国人」のあなたを迎え入れるホストファミリーも最初は不安でいっぱいです。
　ホームステイは双方が相手のことを少しずつ発見しながら、手探りで関係を築いていくプロセスでもあります。けっして最初からお互いに100％理解しあえるなんてことはありません。まして、「言葉が通じない」のです。

・ホストファミリーの不安

　今回の取材では、まさしく語学研修の初日にふたつの家族から、こんな不安を打ち明けられました。＊私は引率者ではないのですが、ファミリーにはそのへんの区別がつきにくいので、そばにいると成り行きでいろいろと頼まれることがあります。その程度はお安いご用ですし、かえって楽しんでいます。

　一人のお父さんは、もう何回も日本人学生を受け入れていますが、今回はちょっと様子が違うというのです。このお父さんはいつもよく学生のことを見ている人なので、どんなところが違うのか訊いてみました。

　すると、ほかの学生と一緒にいるときは、くったくなく見えるのだが、大人の前では殻に閉じこもったようになってしまう。話しかけても答えないし、喜んでいるのか、不満があるのか、何をしてほしいのか、どうしてほしいのか、まったくつかめない、とのことでした。

　たしかに、少々人見知りの女の子のようではありましたが、特別に違うようには見えませんでしたので、しばらく様子を見てはどうかと話しました。

　この場合もそうですが、意志がはっきり表示されないとフランス人はとたんに不安になります。まず、oui か non かはっきりすることが大切です。とりわけ non の言い方を学ばなければなりません。この意思表示が明確でないと、相手は繰り返し自分が納得するまできいてきますから、恐怖の質問スパイラルに陥ることになります。じつは相手も不安だから、何度もきいてくるのです。このスパイラルを止めるには、Pourquoi ? どうしてそんなこときくの？ と質問を返すしかありません。

お父さんの努力のかいがあったのか、最後のほうでは、この学生さんも自分からも積極的に話すようになったそうです。たぶん、少しばかり不器用な子だったのかもしれません。

　もう一人のお母さんは、初めて学生を預かるので、そのことだけでも頭がいっぱいで落ち着きません。最初の朝に、いろいろ守ってほしいことを伝えたのだが、ちゃんとわかっているかとても不安で、わかっているのかどうか、確かめてほしいと言われました。
　このお母さんがどんなことを学生さんに伝えたかったかというと、「授業の後にまっすぐ帰らず、どこかへ出かけるときは、必ず電話をすること」と「パリなどへ行くときは、誰とどこへ行くのか、きちんと言っておいてほしい」ということでした。しごく当然なお願いです。
　当人に確かめてみると「わかっている」とのことでした。これでお母さんは大いに安心し、仕事にでかけていきました。

・スタジエールが迷うこと
　一方で、学生たちも、12時間のフライトの後に、いきなりフランス人家庭に放りこまれて、ほとんどめまいがしている状態です。言葉はまだ通じないし、日本の常識とどこが違うのかわからないし、「空気も読めない」状態で、おそるおそるそこにいるのがやっと。
　そこでこちらも初日から、質問をしてきます。笑ってはいけませんが、ちょっとしたことに真剣に悩んでしまうのがわかります。それもそのはずです。だって、初めて「他人の釜の飯を食う」のですから。では、よく受ける質問とその回答をいくつかご紹介します。

Q. 寒い。夜はシーツと毛布一枚だけで寒くて眠れない。これ普通ですか？

A. 二月だし、確かに寒いけれど、お部屋は暖房が入っている？よそのおうちというのはね、よそのうちだというそれだけで寒く感じることもあるから。まず、セーターを重ね着して、おうちの人に「寒い」と言わないと。セーターを着込んだら、

それだけでもあなたが寒いとわかってくれる。
夜も暖房が入っているなら、シーツと毛布だけというのはふつう。でも、寒かったら遠慮しないで「もう一枚毛布をください」って言えばいい。出してくれるから。
で、「寒い」と「毛布をもう一枚ください」って、フランス語でどう言うんだっけ？

Q. 食事の量が多い。3日目にして食べすぎで体調不良。どうしよう…。

A. 体調を崩すのが一番の敵。まだこれから長いのだから、「おなかいっぱい」「もう食べられません」とはっきり言いましょう。これはフランス語で言えるよね。

Q. 食事が多い。でも、デザートは食べたいから、メインを残したい。これって、失礼ですか？

A. そのまま伝えて OK。さて、なんて言うか。たとえば、Je garde un peu de place pour le dessert. とか？（ここから仏作文の練習です。）

Q. 食事が野菜とパスタばかりです。ちょっと、単調で飽きそう。

A. 礼儀として、露骨にもう飽きたという顔はしないでね。でも、ほかのものも食べたい。パスタは美味しいの？　それなら、「これは美味しいですね」と言って、私はこんなものや、あんなものも好きですと自己紹介のつもりで言ってみては。J'adore... とか、J'aime bien... とか、Je préfère... とか。学食で今日、こんなものを食べたとか、フランスに来たら、何を食べたいと思っていたとか、言えることはたくさんあるよね。丁寧に言うときの条件法と複合過去はおさらいしといてね。

Q. 家族が居間で夜遅くまでしゃべっている。眠いんだけど、居ないといけないの？

A. 眠くなったら、そう言って、寝に行けばすむだけの話。失礼にならないか？　心配しないでさっさと寝てよし。

Q. 超豪邸で、家が広すぎ。家族と会う機会がめったにない。

A. 自分の部屋にいてはダメ。キッチンとか、サロンとかに「張り込んで」家族の通るのをキャッチする。自分から話しかける。質問する。私はここにいる〜、ここにいますよぉ〜と存在を主張する。

Q. 言われていることを理解しようとして、じっと目を見つめると相手がフリーズする。どうするか？

A. 目に力が入りすぎているのかもしれない。もう少し肩の力を抜いて。そのうちにお互いに慣れるから。

Q. 自分より年上の大人なのに、prénom で呼んでもいいんでしょうか？

A. 相手がそう呼んでほしいというなら、かまわない。おうちの中でみんながどんなふうに呼び合っているのか耳を澄ませて。誰と誰が vous で呼び合っているのか、tu で呼び合っているのはどういう人か。外でも、カフェやお店の中で、会話が耳に入ったらちょっと気をつけていると、なるほどこういう場面ではこう呼び合うのだなというのがわかります。

　ここに挙げたのは一部ですが、典型的なお悩みは「量の多い食事にどう対処するか」、そして「これを言ったら、こんなことしたら、失礼にならないか？」という社会コードの問題です。しかし、どんなお悩みもケース・バイ・ケース。「ハウツー本」のように、この場合はコレというような決まった答えはありません。

　それならどうするかというと、まず、自分自身に一度、問いかけてください。「今、私はどうしたいのか？」

　その次にそれができる状況かどうか、周りを見て判断してください。そして、できる状況なら、相手にそれを伝える努力をする。このときに、相手に伝える表現を選ぶこと。それが思いやりであり、失礼になるかならないかの境目です。

これは non という場合、「私はそれをしたくない」という意思表示をするときも同じことです。あなたがそうしたいと思うこと、そうしたくないと思うこと、それ自体は失礼でもなんでもありません。ただ、その意思をどう表すのか、相手の立場を考えて言葉を選ぶこと、そうすれば礼を失することにはならないと思うのです。

　少なくとも、あなたは今、語学研修に来ているスタジエールです。受け入れ家族も学校の人も、そのことがわかっています。その意味で「あなたの状況がわかっている人たち」です。だから、安心して、言葉にしてみましょう。「自分はこうしたいけれど、いい？」「自分はそうしたくないけれど、あなたは？」「どうしてそういうの？」「なぜこうするの？」
　どんなに上手にフランス語で文章がつくれても、コミュニケーションは成立しません。あなたとそして話している相手の間に、「橋」がかからなければ、言葉は二人をつなぐことはできません。その「橋」は文法の知識だけでは築くことができないのです。

1 シャルル・ド・ゴール空港
【初めて出会う・自己紹介する】

シャルル・ド・ゴール空港の到着ロビー、遙香はスーツケースと一緒にホームステイ先の家族、ルヴァスール家の人を探しています。

遙香：（はなはだひどい発音で）ボンジュール、マダム、「るヴァソル」さんですか？

オルガ・ルヴァスール：「るヴァソル」？！ あっあっ、そうですよ！ オルガ・ルヴァスール。ということは…、あなたが「アルカ」さん…。

フレデリック・ルヴァスール：（彼も「H」を発音せず）はじめまして「アルカ」、旅は何事もなく順調だった？

遙香：（冠詞の間違いに気づいて直しながら）ハイ、「いい旅した」。失礼、「いい旅でした」。

オルガ：ひどく疲れているんじゃない？ ずっと長いこと飛行機に乗っていたんだもの…。何時間かかるの？

遙香：（最初は vol を bol と聞き間違える…）ええっとぉ、あ、そっか、わかった。12時間かかりました。でも大丈夫、ときどきは眠ったし…。

フレデリック：（遙香のスーツケースと隣にあるもう一個を指さしながら）これが君のスーツケース？ こっちのもそう？

遙香：これはそう、私の。でも、そっちのは違います。

フレデリック：それをこっちへよこして、僕が持っていこう。それじゃ行くかい。

遙香：「行く」って、どこへ？

オルガ：「行く」って…つまり、家に帰るってことよ。あなたを家にお連れするってこと。

遙香：ああ、そうでした、そうでした。もう行っても大丈夫です。ありがとうございます。

フレデリック：（エレベーターに向かって歩きながら）君を見つけられないんじゃないかと心配したよ、何しろこの人混みだ。

遙香：そうなんです、私も心配でした。別の男性にお尋ねしてしまいました…。恥ずかしい！

フレデリック：恥ずかしがったりしてちゃダメだ。それが普通、よくできました。何しろ人がこんなにたくさんいるんだから…。あっと、失礼、君の名前の読み方は「アルカ・ヤマモト」でいいんだよね。

遙香：「ハ、ハールカ」です！ 最初は「ハ」です、「ハー」「ルー」「カ」！

オルガとフレデリック：（二人一緒に笑いながら）ハールカ・ヤマモトォ！

遙香：そうです、そのとおり。そしてお二人は、「るヴァソル」さんですね？

オルガ：うーん、ちょっとちがうかな。「ル」「ヴァ」「スール」！

遙香：ルヴァスールルル！

2 車の中で
【驚き】

フレデリック：大丈夫、ハルカ？　どうも緊張してるみたいだね…。何か問題でも？

遙香：　あのう、「Tendue」って、何ですか？

オルガ：　そうね…、「tendue」「crispée」、あなたが何かを怖がっているように見えるの。

遙香：　なんか、なんか変な感じなんです。（自分の席を示しながら）日本では、私が座る位置は、左側なんです。

オルガ：　ああ、そうね、その通りだわ。日本では、左側通行だから、ハンドルは右についているのよね！

遙香：　（ギアーボックスを指しながら）それに、そこのそれは？　それ、ややこしくないですか？

フレデリック：ああ、ギアーボックスか！　いや、そんなことないよ、これが普通、5段変速ね…。日本ではどうなの？

遙香：　オートマティックです、ほとんどの人がみんなそう。フランスには「そういうの」ないんですか？

フレデリック：オートマティックついてるの？　ないなんてことない、もちろん、「そういうの」もあるさ、でも普通より高いんだよ。フランス人はあまり「そういうの」好きじゃないからね。

遙香：　（道がロン＝ポワンにさしかかると）あれれ、ここ、止まらないんですか？　怖いですね！

フレデリック：これは「ロン＝ポワン」といってね、ぐるりと回って、行きたい方に出ていく決まり。注意しないと危ないけれど、「緑」になるまで待たなくていいんだよ。

遙香：　緑？　日本では「青」信号といいます。

オルガ：　パリの市内を一回りする？　それとも家に直行？

フレデリック：この時間だと、けっこう道路は混んでいるし、それにハルカが疲れてる…。

遙香：　ちょっとだけ、でも…。あれ、ここはどこですか？　この景色「C'est bon（美味しい）」ですね！

フレデリック：（環状線内回りを走りながら、ポルト・ド・ベルシー付近で）セーヌ川だよ。ここからだと右手に、フランス国立図書館が見える、四つの塔が立ってるよ。そのずっと向こうは、エッフェル塔。

遙香：　あぁ、ほんとだ！　「C'est bon（美味しい）」！

オルガ：　「beau（美しい）」って言いたいのね？

遙香：　あ、失礼しました、そうです、「beau（美しい）」です。それに速かったですね。パリは空港から遠くないのですか？

フレデリック：ロワシーは家から30kmくらいだと思うよ。で、東京では、空港は都心から何キロぐらいくらい離れてるの？

遙香：キロメートルといわれても、わかりません…。でも、家から電車でだいたい2時間くらいです。

フレデリック：(パン屋の前を通りながら) 2時間！　信じがたいな！　オルガ、パンを買わないといけない？

オルガ：いいえ、大丈夫、今晩と明日の朝のものは、全部足りてるから…。

3　家に着いて1
【お宅拝見】

(駐車場に車を入れ、エレベーターで上がる)

遙香：(エレベーターのボタンを示しながら)「RDC」って何ですか、この階のこと？

フレデリック：それは「rez-de-chaussée」の略語、街路と同じ高さであり、出入りするところという意味だよ。

遙香：ああ、そう！　私たちにとっては、1階です！　それなら、フランスでは1は上の階ですか？

フレデリック：そうだよ、1と書いてあったら、それは「le premier étage」1階、そこは住居となるアパルトマンがある。僕たちは、7階へ行くんだが、つまり君にとっては8階ということだね。

オルガ：(エレベーターを降りながら、娘がみんなを待っているのを見つける)　あら、ジョアナ、マ・シェリ！ハルカを紹介するわね！　ハルカ、これがうちの娘のジョアナよ、彼女のことはメールで何度も話してあるわよね！

遙香：ええ、もちろん覚えています。こんにちはマドモワゼル。あなたにお目にかかれてうれしく思います…。

ジョアナ：こんにちは、ハルカ！　私もとってもうれしいわ。でも、私のことはジョアナって呼んでね。それとあなたさえよければ、tu で呼び合わない…。

フレデリック：(スーツケースを入口まで転がしながら)　オルガや僕とも、そうしよう、君がよければ。家族みたいにね。

遙香：(居間を見まわしながら)　わかりました。そのほうが私には簡単です。わぁ、なんて「ぎれいな」お部屋なんでしょう！　ほんとにきれいですね、このおうちは！

フレデリック：ジョアナ、よかったら家の中を案内して、ハルカに部屋を見せてあげてくれないか？　それから夕飯にしよう、そうだな、あと15分ぐらいかな。

ジョアナ：(廊下を通って家の中に遙香を導きながら)　OK、はじめましょうか…？　さあ、ここが、リビング・ダイニング。隣がキッチン。時々、キッチンで朝ご飯を食べるの、そのほうが時間がかからないから。

遙香　：ああ、なるほど、広いですね！　冷蔵庫も、すごく大きい！
ジョアナ：それから、これが冷凍庫、これがあるから、買い物へしょっちゅう行かなくて済むの。
遙香　：（電気フライヤーを指しながら）これは？　ご飯を炊くの？
ジョアナ：いいえ、これは電気フライヤーよ。でも炊飯器はないの。

4 家に着いて2
【寝室と家の中の設備】

ジョアナ：（遙香に家の中を案内しながら）お部屋を見てまわりましょうか。さあ、ここがあなたのお部屋よ。
遙香　：わあ、広い！　ベッドも大きい！　荷物はどこに置いたらいいのかな？
ジョアナ：どこでも好きなところへ、どうぞ。ここはもうあなたのお部屋なんだから。ここに整理ダンスと衣裳戸棚があるから、お洋服を入れられるわ。
遙香　：ほんとに、便利！　でも私、そんなに荷物はないの。
ジョアナ：そっちに、小さなテレビがあるでしょ、リモコンもある…。ああ、そうだった、ここにね、インターネットにつなげるケーブルがある。それからもちろん勉強机もあるわよ。引出は全部使ってくれてかまわないわ。
遙香　：ありがとう。最高だわ！　で、パソコンの電源はどこ？
ジョアナ：机の下とベッドの後ろにコンセントがあるわよ。ところで…電源のアダプターはもってきた？　220ボルトでも、あなたのパソコンは大丈夫？
遙香　：もちろん、大丈夫よ。来る前に確かめたもの。必要なものは全部そろってるわ。
ジョアナ：（ほかの部屋の前を通りながら）ほら、ここが私の部屋、そして両親の部屋。それからこっちに浴室。あなたのものを置くために少し場所をあけましょうね。隣がトイレなんだけど、その…「スィエージュ・エレクトリック」じゃないわ。
遙香　：それ、何、「すぃえーじぇれくとりっく」って？　（ジョアナの小さな噴水の身振りで理解し）ああ、「ウォシュレット」！　ないの？　フランスには？
ジョアナ：それが、ないのよ。あるとしても、すごく少ないわ。フランス人はそういうものがあるってことを知らないのよ。
遙香　：だけど、あれって、便利だと思うわよ。でも、大丈夫、トイレットペーパーがあるから。
ジョアナ：そうそう、「ペキュ」の予備はこの戸棚に入ってるから。そうだ、知ってた？　駅でもお店でも、かならずトイレがあるというわけではないのよ。それにあったとしても紙がついてることは少ないわ。だから、いつもバッグには入れておかないと！
遙香　：ええ、言っといてくれてありがとう。それにガイドブックで読んだんだけど、トイレ

でお金を払うって。ほんと？
ジョアナ：本当よ、それなのに、いつもきれいとは限らない…。(別の扉を示しながら) ああ、そうだった！ ここね、これが「召使の階段」。あなたにも鍵をひとつ用意するわ。夜遅く帰ってくるときなんかに便利よ。

5 夜ご飯1
【テーブルの支度】

オルガ：(キッチンから) ごはんよ！ 誰かテーブルの支度してくれてるのかしら？
ジョアナ(遙香に向かって)：たいへん！ 早く行きましょう。(居間、昔風の大きな食器棚の前で) それじゃ、まずこの引き出しのナイフとフォークから出しましょう。さあ、ナイフが4本にフォークが4本。これをテーブルに置きますね。
遙香： じゃあ、私は小さなスプーンを持つわ。ナイフが右で、「フォルシェット」が左。これでいい？
ジョアナ：「フルシェット」のこと？ なら、左ね。小さなスプーンは、上の方。(母親に向かって、大声で) ママン、スープあるの？
オルガ：(キッチンから) いいえ、今夜は時間がなかったの。残念でした！
遙香： つまり、大きいスプーンはいらない、ってことね？
ジョアナ：そのとおり。そして「アシエット・クルーズ」もいらないってこと。
遙香： 「クルーズ」って？
ジョアナ(お皿の山を指しながら)：これが「クルーズ(深皿)」、少し深さがあって、スープに使うの。そのほかのは平皿。小さいのはデザート用。
遙香： 上にあるのは、グラスね！
ジョアナ：(食器棚の上段の扉を開けながら) あたり！ 一人2個ずつ、1個は水用、もう1個はワイン用…。あなたのうちでも同じ？
遙香： 日本ではお箸を使って食べるのだけど、いろんな種類の小さなお皿がたくさんあるの。それにお酒のための小さな杯もいろいろあるのよ。
ジョアナ：すんごく小さなグラスでしょ！ 全部使ったら、洗い物が相当でるわ、たいへん！
フレデリック(ワインの瓶をもって入ってきながら)：ジョアナ、栓抜きを取ってくれないか？ 遙香、ワインを飲む？
遙香： (グラスを並べ終わりつつ) ウイ、ムッシュー。あ、失礼、ウイ、フレデリックって呼ぶんでした。ほんのちょっと。でも、あまり「飲ミナルナイ」です。
フレデリック：アルコールは「飲み慣れない」ということ？

遙香： 両親はビールと日本酒を飲んでいますが、私は飲みません。私は水とお茶。
ジョアナ：うちの両親もそうよ、もっぱら「水」ばかり飲んでるわ。

6 夜ご飯2
【みんなでお食事】

オルガ： (オーブンから出したての大きな皿を持って入ってくる) 気をつけて、すごく熱いから！ フレデリック、ちょっと場所を空けてくれる？
ジョアナ：わあ、すごい！ ブッシェ・ア・ラ・レーヌだ！ で、他には何があるの？
オルガ： ローストビーフのマヨネーズソースといんげん添え。
遙香： キレイですぅ！ 中には何が入ってるのですか、その、ほら、なんて言ったっけこれ？
オルガ： (とりわけながら)「ブッシェ・ア・ラ・レーヌ」？ パイ生地の中に、マッシュルームとエビと魚介類を入れたクリームの詰め物をしたの。自己流ってとこね。
遙香： うぐ、あまりよくわかりません…。でも、食べてみればわかります。なんとキレイなの！
フレデリック：(ワインを注ぎ終わって) さあ、それじゃ乾杯だ！ このホームステイが君の気に入り、将来に役に立つことを！
全員： (ただし遙香をのぞく)：遙香のホームステイに乾杯！
遙香： (赤くなっている)：ああ、ありがとうございます！ なんて言っていいかかわかりませんが…。
オルガ： さあ、さあ、召し上がれ！ 温かいうちに！ いただきましょう！
遙香： (食事を終えて)：マダム、とても美味しいです！ これ、気に入りました、ブッシェ・ア・ラ・レーヌ！
フレデリック：えっへん、飛行機のまずい食事とは違いますからな…。
遙香： (質問しようにも、口をはさむ暇がない様子)：…？？
ジョアナ：あなた、運がいいわよ、少なくともコレ、一年前に食べたっきりよ！ ローストビーフといんげんを取ってあげるわね。
遙香： ええ、ちょっとずつお願いします。あっ、そんなにたくさんはいらない！ 胃袋が小さいのです…。
オルガ： (フレデリックに向かって) あなた、塩とマヨネーズをとってくださる？
ジョアナ：(少し経ってから) ね、デザートには何があるの？
オルガ： フルーツがいろいろと苺のタルトよ。遙香は苺のタルト、好き？
遙香： はい、でもぉ…。
オルガ： ほんの少しだけなら、大丈夫よ、入っちゃうものよ。
ジョアナ：あとでハーブティーを入れましょう、消化を助け、よく眠れるわよ。

7　夜にお風呂を使う

遙香：　今晩、お風呂を使ってもいいですか？

オルガ：　(全員、浴室に集まって)　ええ、もちろんよ。だけど、お湯がまだあるかしら…。

フレデリック：おお、そうだった…。必要なら、湯沸しをもう一度点火することもできるよ。湯沸しタンクをちょっと調整すればいいんだ。

ジョアナ：　(遙香に湯沸しタンクを見せながら、説明する)：実をいうと、むしろ朝、体を洗うのがここの習慣なのよ。それで、お湯は夜中に電気の最低料金で温められ、このタンクに溜められるの。

フレデリック：OK、お湯の準備よし！　遙香、「ふつうに熱い」のか、「ひじょうに熱い」のか、どっちがいい？

遙香：　ふだんは 40 度ですが…。

ジョアナ：40 度ですって？　それじゃ「超熱」だわ！　煮えちゃうわよ！

遙香：　いいえ、これが普通なの、日本人には。「お風呂」は、しばしばね、もっと熱いこともある。

ジョアナ：　(驚いている父親に向かって)　「お風呂」っていうのはね、日本式のお風呂のことよ、パパ！　家族はね、各々がかけ湯をして体を洗い、それから浴槽に入るの。それって仲がいいってことだし経済的よね、同じお湯を分け合うのだもの。

遙香：　「オナッジョユ」、ああ「オナジオユ」か！　わかった。そう、そのとおり。でも今は場合による。日本でもあなたたちのようにするわ、石鹸で泡立てたりとか。

オルガ：　タオル掛けにタオルを 2 本かけておいたわ。ここに石鹸、シャンプーがある。自分専用のがあるなら別だけれどね。

遙香：　ええ、持ってきました。ちょっと特別なシャンプーを使ってるんです。「より大きな」髪用。

ジョアナ：　(遙香の髪に触れながら)　「より大きな」って？　「より太い髪」ってこと？　なるほど、ほんとだわ！　ママ、見て！　なんてきれいなの、この黒髪…。

オルガ：　はいはい、わかりましたよ、さあ、遙香を放っといてあげましょう。みんな外に出て！　遙香、ごゆっくりどうぞ。

遙香：　(髪を乾かすしぐさをしながら)　ありがとうございます。あのぅ、すみません！　そのあと、髪の毛をどうしたらいいんでしょうか？

オルガ：　そうだわ、戸棚の中に、ドライヤーがある。ほら、ここを見て、ふたつの切り替えが選べるの。それじゃあとでね！　大丈夫かしら。

遙香：　はい、大丈夫です。ありがとう、マダム！　あっと、ありがとう、オルガ！

8　パス・ナヴィゴ
【地下鉄の駅へ向かいながら】

午前8時、雨が降っている。遙香とジョアナは地下鉄の入口に向かっている。

ジョアナ：お天気がいい時は、歩いて大学へ行くの。15分くらいかかる。でも今日はね、地下鉄に乗りましょう！

遙香：乗り換えなし？

ジョアナ：いいえ、ジュスューで乗り換えないといけないわ。パス・ナヴィゴがいい？　それとも時々地下鉄に乗れるように切符だけ買っておく？

遙香：「パス・ナヴィゴ」って何？

ジョアナ：一括前払いの料金のこと、一種の予約契約ね、たとえば1か月単位とか。決められたゾーンの中ならいくらでも好きなだけ乗れるのよ。

遙香：（仕組みを理解して、びっくりしつつ）一括前払い料金…。ということは、一度、一か月分のお金を払ったら、あとは地下鉄乗り放題ってこと？　信じられない！

ジョアナ：そのとおり！　パリを見て歩くには、最高よ！　こういう一括前払い料金って、日本にはないの？

遙香：全然ない！　カードならあるわよ、東京のスイカみたいに、地下鉄やJRの乗り降りが簡単にできるものだけれど、でも、毎回料金を払うの。それが高い！

ジョアナ：わかったわ、あなたはパス・ナヴィゴがいいみたいね…。（RATPの窓口で）こんにちは、パス・ナヴィゴを一枚お願いしたいんですけど…。

駅員：はい、わかりました。初めてでしたら、この申込用紙に記入していただかなければなりません。あとから郵便でパスが届きます。

ジョアナ：しまった！インターネットで申し込んでおくんだった。パス・ナヴィゴ・デクーヴェルトという、すぐに作れるのがあったと思いますが、ちがったかしら？

駅員：できますよ。5ユーロかかります。でも、証明写真が一枚必要ですよ…。写真がありますか？

遙香：はい、ちょうど持ってます。いつも持ってる必要があると言われましたから。

ジョアナ：すごい！　なんて準備がいいの！　一か月料金でいい？

駅員：さあ、できましたよ。一か月で、ゾーン1と2なら、60ユーロ40サンチームです。

遙香：それって、あの、ジョアナ、ゾーン1と2って何？（ジョアナの「問題ない」というサインを見て、つり銭のいらないように現金で支払う）はい、どうぞ。

駅員：どうぞ、マドモワゼル、これがあなたのカードでチャージされています。そしてこちらが領収書。よい一日を。

遙香とジョアナ：ありがとう。あなたもね。

9 夕ご飯の買い物

初めて買い物に出た日、遙香の希望で、ジョアナと一緒にリュ・モンジュにある近所のスーパーマーケットに行きます。

ジョアナ：何か買いたい物がある、遙香？　ママが来るのを待ってる間に…。

遙香：　う〜ん…。ちょっと日本料理を作って、みんなに味わってもらいたいなぁ。それから、「化粧品を取り去る」のに何かほしい。

ジョアナ：それなら、メイク落としね。じゃあ、化粧品売り場から始めましょう。こっちよ、家庭用品売り場の後ろ。

遙香：　（いっぱいあるメイク落としの前で）あ、知っているブランドがある。これ、5ユーロなの。えーっ、600円ってこと！　安ぃい！

ジョアナ：へぇ、そう！　そうなの？　むしろこれ高い、と思うわね！

遙香：　みんながそう思うってこと？　それともあなたのうちでだけ？

ジョアナ：うちの問題じゃなくて、みんな同じように考えると思うよ、特にユーロになってから。あ、ママが来た！

オルガ：ここにいたのね、遅くなってごめんなさい。どう？　遙香、大学はどうだった？

遙香：　たいへんことになっています！　先生たちはやたら早口だし。宿題は山ほど出るし…。

オルガ：あら、そうなの！　でも慣れるわよ。みんなで手伝うわよ…。ジョアナ、何を買うことにしたの？

ジョアナ：それがね、今、ちょうど来たとこ。食品売り場に行こうとしていたの。遙香が日本の食材がほしいっていうから。私たちに何か作ってくれるつもり。

オルガ：まあ、残念、ここには何もないわ。せいぜい豆腐と醤油くらいしか。今度一緒に探しましょう、専門店に行かないといけないわ。今晩はダメね、トウ・プレ（お惣菜）かスルジュレで済ませようと思っていたのよ。

遙香：　「トウ・プレ（どっかに近い）」…、「スルジュレ」って、何？

ジョアナ：ううんとねぇ、「スルジュレ」っていうのは、冷凍庫で何か月も保存できるものをいうの。野菜やお肉だけでなく、できあがったお料理もね。有名なシェフが作ってるものもあるのよ。

オルガ：それじゃあ、ピザにしましょうか？　いい？　遙香、ごめんなさい、今夜は、あまり「フランス料理」とは言えなくて…。明日はもっとちゃんと作りましょうね。

遙香：　いいえ、そんなことないです！　いいですよ、私、ピザ、大好き。ほら、日本のピザと比較もできるし…。

オルガ：あなたって、本当に礼儀正しいのね！　あら、うっかりするところだった。食器用洗剤を買わないといけないんだわ。レジへ行っててちょうだい、後から行くから。

そのほうが時間が無駄にならない。
ジョアナ：OK、ママ。でもお金払わないで待ってるからね！

10　システムD その1： ストライキの日

ジョアナ：（朝食を終えながら）　で、ところで遙香、今日は交通機関のストライキがあるって、知ってた？
フレデリック：そうだったね、僕は地方で人に会う約束があるから、君たちを連れて行ってあげられない…。それに渋滞になるだろうし。
遙香：さっきラジオで聞きましたが、よくわかりませんでした。早すぎる。
フレデリック：ストライキというのはね、鉄道や地下鉄で働いている人たちが、抗議するために仕事しないことだよ。
オルガ：そうなのよ、そういうことがしょっちゅう起きるので、みんな、自分たちはストライキをしている人たちの人質だと話しているわ。
遙香：でも、そうなる前に、自分たちの問題を話してはいないのですか？
フレデリック：そうしているよ、たいていの場合はね、経営側と組合では何か月もかけて話し合う、だけどフランスでは、この種の話し合いはこじれるんだ、で、八方ふさがりになる。
遙香：でもなぜ、八方ふさがりに？　組合側がちゃんと解決しないのですか？　日本では、とてもうまくいっています。ストライキなんてありません。
フレデリック：しばしば言われるのはね、経営者というのはみんなの要求を理解したがらないからだということ。経営者たちは交渉に応じるというけれど、（組合側に）言うだけ言わせておいて、最初から決めてあったことを実行しようとする。そこで…。
ジョアナ：そこで、いわゆる、組合側が圧力をかけるということになるのね。で、私たちにとっては、「ガレー船」となります。
遙香：「ガレー船」って？　よくわかりません…。それって、船じゃないの？
ジョアナ：「ガレー船」とはね、つまり、自分一人で何とかしなければならない時のことをいうのよ、自転車で行くか、歩いて行くか、ヒッチハイクするか、車に相乗りするか。
遙香：（あまりよく理解できていない）　ラジオでは、治安とか襲撃のことを話してたけど…。
フレデリック：ああ、そうだ、（今度のストライキは）おととい、運転手が襲撃されたせいだったよ、忘れていた。
ジョアナ：失業のせいで、一部の地域では若者が憎悪をいだいているのは確かだわ。
フレデリック：そうだね、でも、だからと言って、地下鉄の運転手さんたちに怒りの矛先を

向けるというのは！
遙香： オールって（フレデリックの言った「rames」を船の櫂と間違えている）？　船にあるような…？
オルガ： あら、ほんとだ！　これもまた、海に関する言葉が日常生活で使われている！それはね地下鉄の車両のことをいうのよ、SNCFの車両とは違うの。
フレデリック：まったくね、なんとも情けないよ！　唯一の解決策というのが、警察官や監視カメラを増やすことなんだ。
遙香： （腕時計を見て）ごめんなさい、もし地下鉄が動かないんだったら、私、もう出かけます。
フレデリック：大学に電話してごらん。もしかしたら、大学もストライキをしてるよ。
ジョアナ：今、大学のサイトを確かめてみたわ：閉まってる！　遙香、私たちお休みだわ！
フレデリック：映画に行っておいで！　『地下鉄のザジ』を見られるところが、きっと一館はあるに違いない…？

11　システムD その2：体調不良の日

オルガ：あらら、遙香、元気ないわね？　具合でも悪い？
遙香： あのぅ…。そうなんです、ちょっと。でも良くなると思います。
ジョアナ：そうはいっても、良くなるとは思えない感じだわよ！　ちょっと座ってごらんなさい。どこが痛いの？
遙香： 「がいたい」？
オルガ：そうよ、どこらへんが痛いの？　何が痛いの？
遙香： ああ、「痛い」ですか！　そうなんです、ちょっと…。
（以下は、この後の「だいたいこうなるだろう」という会話の流れをいくつか想定したものです。全部をここで展開するわけにはいきません。いずれにせよ一番いい解決法はお医者さんのところへ行くことです。）
① 頭が痛い
オルガ：（おでこに触れながら）あら、ほんと、ちょっとお熱があるわね。
ジョアナ：アスピリン、あったっけ？
② 歯が痛い
オルガ：いつからなの？
遙香： なんとなく、2日くらい前から。でも、今朝になったら、ひどくなってました！
③ 喉が痛い
オルガ：見せてみて！　口を大きく開けて！　ほんとだわ、赤くなってる。
④ おなかが痛い

オルガ：何か食べたものがいけなかったのかしら？
遙香：　はい、たぶん、昨日の夜、食べ過ぎました。
遙香：　いいえ、これは、つまり、女性特有の…。
⑤ 肩が痛い
ジョアナ：マッサージしたほうがいい？　ママはとても上手よ…。
⑥ 背中が痛い
ジョアナ：（身振りで縦方向を示しながら）背骨のところ？
⑦ 腰が痛い
オルガ：あら、そういえば、ちょっと足を引きずってるじゃない？　歩き過ぎたりした？
⑧ 膝が痛い
オルガ：あ、それはやっかいだわ、おひざねぇ…。まず休ませないと。
⑨ 足が痛い
ジョアナ：ひねった？　靴のせいじゃない？
⑩ 少し吐き気がする
オルガ：疲れているみたいだわ。勉強のし過ぎね、たぶん。
⑪ 体中が痛い
オルガ：どこもかしこも！　たいへんだわ！　それはたぶんインフルエンザよ！
オルガ：（数分後）　どっちにしても、こんなふうに放ってはおけないわ！　うちのお医者さんのところへ一緒に行きましょう。すぐに電話するわ。
遙香：　（治療費が）高いんじゃないでしょうか？
ジョアナ：こういう場合に聞いてみるだけなら、そんなことないわよ。そのあとはわからないけど、お医者さんがなんと言うかによるわね。それとお薬が必要かどうか。でも、あなたは何か医療保険に入っているんじゃないの？書類をもって行く必要があるわね。
遙香：　ああ、そうです、ほんとだわ。日本語で対応してくれるパリの電話番号があります。
オルガ：じゃあ、こうしましょう。電話してから、三人で行きましょう。
遙香：　ありがとうございます。ほんとに助かります。
ジョアナ：当然のことをしているのよ。あなたが具合が悪いのを放ってはおけないわ。

12　さようなら、また逢う日まで

フレデリック：で、遙香、君はやっぱり出発したい？
遙香：　いいえ、出発したくないけれど、しかたありません。

ジョアナ：そもそも、エコノミークラスの切符じゃ、日にちの変更はできないの。
オルガ：そうね、それに、たぶん遙香は家から遠く離れていることに、ちょっと退屈してきたかもしれないわ！
遙香：いいえ、そんなことはまったくありません！　みなさんといるの、とても心地がいいんです…。でもみなさんは静かな生活を取り返せますね。
オルガ：取り返すって…？　そうか、「静けさを取り戻す」って言いたいのね。そんなことないわ、あなたが私たちの邪魔になるなんて、とんでもない…。反対よ、みんな一緒にいるのがとても楽しいと思っているわ。
フレデリック：やれやれ、挨拶はもうそれぐらいにして！　邪魔して悪いが、時間は過ぎていく…。遙香、準備はいい？　10分後には出ないと…。
ジョアナ：パスポート持った？
遙香：持った、スーツケースはそこにある。それと機内持ち込みのバッグ。パスポートは手に持つバッグ入ってる。忘れものはないと思う。
オルガ：念のため、スーツケースを計っておこう。機内持ち込みのバッグの中には、液体もはさみもないね？
遙香：えーと、さっきジョアナと確かめました。透明の袋に小さなボトルを入れてあります。これは許可されてる。そのほかはスーツケースの中に入れました。
フレデリック：(体重計を持ってくる)　さあ、これの上に載せてと…。さぁて、どうですか…　21キロ！　よろしい。
ジョアナ：でなかったら、もう一個コリッシモを送ってたわよ。それでも超過料金よりはずっと安いわ！
オルガ：とても心残りだわ、でも、前に説明したように、私は企業研修の面接会場までジョアナを送ることになっているの。ここでアデュー（お別れ）しなければならないわ。
ジョアナ：アデューなんて言わないでよ、ママ、オ・ルヴォワールでしょ！
遙香：はい、私もみなさんが日本にいらっしゃることを心から望んでいます。
オルガ：それはもう、決まり。来年ね！　約束よ！
フレデリック：(玄関のドアを開けながら)　さあ、行こう。そうすれば、早めに着いて、免税の買い物ができる！
オルガとジョアナ(二人で遙香を抱きしめ、キスをしながら)：さあ、行きなさい。さようなら！　気を付けてね！
遙香：さようなら！　そしてもう一度、お礼を言います、何から何まで、ありがとうございます。明日、スカイプで会いましょう！
オルガとジョアナ：(エレベーターの扉が閉まるのを見送りながら)　良い旅をね！

著者紹介

一丸禎子（いちまる　ただこ）
東京大学大学院総合文化研究科・言語情報科学専攻博士課程修了（学術博士）。2011年現在、学習院大学外国語教育研究センター所属・講師。専門はフランスの言語文化（17世紀のマザリナード文書）。

Patrick REBOLLAR（パトリック・レボラール）
パリ第3大学大学院・近代文学専攻博士課程（DEA）修了。2011年現在、南山大学外国語学部フランス学科・教授。専門はフランス文学（17-21世紀）。インターネットを使った人文科学研究サイトの開発と研究者コミュニティの運営にも携わる。

CD付
フランス語ホームステイ　ライブ
中級からのコミュニケーション

2011年9月20日　第1刷発行

著者　一丸禎子
　　　Patrick Rebollar

発行者　前田俊秀

発行所　株式会社　三修社
　　　　〒 150-0001
　　　　東京都渋谷区神宮前 2-2-22
　　　　電話 03-3405-4511
　　　　FAX 03-3405-4522
　　　　http://www.sanshusha.co.jp/
　　　　振替 00190-9-72758
　　　　編集担当　永尾真理

印刷・製本　萩原印刷株式会社

デザイン　株式会社プランク

©2011 Printed in Japan　ISBN978-4-384-05666-2 C1085

®〈日本複写権センター委託出版物〉
本書を無断で複写複製（コピー）することは、著作権法上での例外を除き、禁じられています。
本書をコピーされる場合は、事前に日本複写権センター（JRRC）の許諾を受けてください。
JRRC〈http://www.jrrc.or.jp　e-mail:info@jrrc.or.jp　TEL: 03-3401-2382〉